JN166859

西田幾多郎

言語、貨幣、時計の成立の謎へ

永井 均

角川文庫
21308

西田幾多郎　言語、貨幣、時計の成立の謎へ

目次

凡例

引用は、特にことわらない限り、すべて岩波文庫版からである。

『論集I』とは、上田閑照編『西田幾多郎哲学論集I』（岩波文庫）を指す。

『西田幾多郎全集』からの引用は旧版からである。ただし、仮名づかいは新仮名づかいに改めてある。

はじめに

幸か不幸か、本書は、西田幾多郎《にしだきたろう》の哲学の、わかりやすい解説書でもある。なぜなら、(『善の研究』をのぞいて)西田の文章は、もともと日本語で書かれたとは思えないほど読みづらく、わかりにくいので、本書程度でもじゅうぶんに「わかりやすい解説」になってしまうからである。しかし、概していえば、わかりやすい解説ほどつまらないものはない。少なくとも私は、哲学にかんするわかりやすい解説のたぐいを読んで、哲学的に意味のある内容を学びえた経験はない。

それなら、解説書や入門書のたぐいは無意味かといえば、そうともいえない。解説書や入門書に意味があるのは、それがそこで独立に哲学をしている場合だけだと思う。それ以外の仕方で、哲学を伝えることはできないからである。

独立に哲学をしているのだから——驚かれるかもしれないが——本書の内容は、じつは西田幾多郎とは関係ない。正確にいえば、関係なくてもぜんぜんかまわない。いや、ものすごく関係がある、それどころか西田が言わんとしたことは本書で私が言ったようなことで、私は西田よりもうまくそれを言い当てている、という可能性はもちろんある。いや、少なくとも私には西田がそう読めるし、そう読まないとさっぱり意味がわからない。しかし、ほんとうにそうであるかどうかは、私にとってはじつはどうでもいい。西田幾多郎の実態がどうであれ、本書にはそれとは独立の哲学的意義がある。ここで述べられていることは、西田幾多郎という人物名を離れて、名なしで剝《む》き出しの哲学的議論として提示されても、それ自体で意味があると思う。それが、独立に哲学をしているということの意味である。

独立に哲学をするなら西田はいらないではないかと言われるなら、それはちがう。他人の哲学の解説がそれを使って自分の哲学をすることによってしかできないように、自分の哲学のほうも他人の哲学の力で引っ張ってもらわないと進めないという面があるからだ。私はこれまでに、ウィトゲンシュタインとニーチェについても、解説書のようなものを書いたことがあるが、どちらの場合も、彼らに引っ張ってもらいながら、その勢いをかりて自分の哲学を勝手に進めさせてもらった。そして、そういう点で、西田幾多郎の「場所の哲学」は、彼らの哲学に劣らず、素晴らしいものなのである。

本書を読めば、西田幾多郎をまったく知らない方でも西田哲学の核心へとまっすぐに導かれる、と私は確信するが、それはじつは西田の核心ではなく私（永井）の核心なのかもしれない。それらを区別することは私にはできない。

第一章　純粋経験——思う、ゆえに、思いあり

1　長いトンネルを抜けると——主客未分の経験

無私の視点

よく知られているように、川端康成《かわばたやすなり》の『雪国《ゆきぐに》』は、

国境の長いトンネルを抜けると雪国であった。

という文章で始まっている。サイデンステッカーによる英訳では、この箇所は

The train came out of the long tunnel into the snow country.

と訳されている。これをそのまま訳せば、「列車は長いトンネルを抜けて雪国へ入った」とでもなるだろう。英訳では、主語が明示されている。一方「国境の長いトンネルを抜けると雪国であった」という文には主語がない。いったい何が、あるいは誰が、長いトンネルを抜けたのか、肝心のそのことが描かれていない。だから、この文章はそのまま英語に訳すことはできないようだ。しかし、われわれは——つまりふだん日本語を使っているわれわれは——川端のこの文を難なく理解するだろう。この文を読んで、こう質問する生徒がいたら、先生は驚くだろう。「長いトンネルを抜けるって、いったい何が、あるいは誰が、抜けるんですか？」

でも、いったい何が、あるいは誰が、抜けるのか——列車？　たしかに、事実はそうだが、そう表現してしまったのでは、この文が言わんとしているポイントは失われてしまうだろう。それでは——この小説の主人公は「島村《しまむら》」だから——「島村」が正解だろうか。「島村が国境の長いトンネルを抜けると……」は、それほど不自然でもない。しかし、これもまた、事実を正しく表現してはいるが、川端の原文の言いたいこととは違っている。それなら、島村という人物の視点から「私は（が）……」と表現したらどうか？

「私」を主人公とする第一人称小説というものはある。しかし、その小説の中に、「私」以外の人物が出てくれば、主人公は第二人称や（第二人称的な機能を持った）名前で呼ばれるだろうし、主人公以外の人々の間で、主人公についての会話がなされれば、主人公を指すには第三人称の機能を持った名前（この場合なら、たとえば「島村」）が使われるほかはない。そして、その名前の代わりに（文字通りの「代名詞」として）、主人公自身が自分を指す言葉が「私」なのである。

だから、「私が国境の長いトンネルを抜けると……」は「島村が国境の長いトンネルを抜けると……」と実質的な違いはない。前者は、たまたま島村自身の口から発せられたために変形した後者にすぎないからだ。

「国境の長いトンネルを抜ける」のは、この意味での「私」ではない。島村という人物（たまたま島村自身によって指された）が、そういう経験をした、と述べているのではない。「国境の長いトンネルを抜けると雪国であった」とは、誰かその経験と独立のある人物がたまたま持った経験を述べている文ではないのだ。もし強いて「私」という語を使うなら、国境の長いトンネルを抜けると雪国であったという、そのことそれ自体が「私」なのである。だから、その経験をする主体は、存在しない。西田幾多郎の用語を使うなら、これは主体と客体が分かれる以前の「純粋経験」の描写である。*

＊　金谷《かなや》武洋《たけひろ》氏は『英語にも主語はなかった』（講談社選書メチエ）において、やはり『雪国』冒頭のこの文例をもとにして、西田幾多郎のいわゆる西田哲学と三《み》上《かみ》章《あきら》のいわゆる三上文法のつながりを論じている。非常に興味深い論述ではあるが、西洋哲学の「神の視点」に対して、西田哲学の視点を「虫の視点」とする見解については賛成できない。「無私の視点」ならともかく（注：これは単なる駄《だ》洒《じゃ》落《れ》）。西田の視点は、世界の中の個物（虫とか島村とか）の視点ではない。

しかし、川端康成が特別の文才に恵まれた文豪だったから、英語に訳せないほどの名文(?)が書けたと思うなら、それは違うだろう。実際、「国境の長いトンネルを抜けると雪国であった」という文は、中学生の日記に出てきてもそれほどおかしくはない、日本語としてはごくありふれた文章であろう。一般的にいえば、英語なら、I see～とかI hear～とか言うであろうとき、「～が見える」「～が聞こえる」と言うのは、日本語ではごくふつうの言い方である。雷鳴が聞こえたら、日本語ではふつう「雷鳴が聞こえる」と言って「私は雷鳴を聞く」などとは言わないし、稲妻が見えたら、「稲妻が見える」と言って「私は稲妻を見る」などとは言わない。[*]

＊　ちょっとした注意だが、とりわけ「稲妻」のように一瞬で消え、過去形で語られることが多い事象については、必ずしもそうとはいえない。「稲妻が見えた」の代わりに「私は稲妻を見た」と言うことは、さほど不自然ではない。ここには、純粋経験から個人の体験が分離していくに際して「記憶語り」のはたす役割の大

きさが示されているが、西田の思索の方向はこれとは異なるので、ここではこの点を詳述することはしない。

西田の考え方では、あえて「私」ということを言うなら、そのときそのように聞こえている雷鳴、そのように見えている稲妻が、そのまま、私なのであり、そうした純粋経験そのものを離れて、それを経験する（それらとは独立の）私など、存在しない。このような西田の捉《とら》え方は、ふだん日本語を使いなれている者にとっては、比較的すんなり受け入れられる考え方ではないだろうか。

日本語的把握と英語的把握

しかし、それはなぜだろうか。たしかに、われわれ日本語話者の多くは、英語などの方にむしろ余計な加工がなされているという感じを持つ。しかし、この感じの根拠はどこにあるのだろうか。その理由はおそらく、自分に雷の音が聞こえたとき「私は雷鳴を聞く」と言ったり、列車から海が見えたときに「私は海を見る」と言ったりすれば、わざわざ他者を排除して、自分（だけ？）がそういう知覚を持っていると言っているように聞こえることにあるだろう。「雷鳴が聞こえる」や「海が見える」には、そのような無用な自己主張は、ない。実際、特別に自分自身を内省する体験を除けば、通常の体験の内部には、「私は」という要素は含まれていないだろう。

しかし、考えてみれば、雷鳴にせよ、海にせよ、知覚しているのは私であり、他の人は知覚していないか、または知覚しているかどうかわからない。だから、「(少なくとも) 私は」と言うのは、実際には正確な言い方ではあるだろう。そうすると、日本語的把握のほうが「ありのまま」だと言うのは、一種の偏見ではあるまいか。見方によっては、英語的把握のほうが「ありのまま」で、日本語的把握には、そこに何か特殊な操作が加わっている、とも言えるはずである。もしそうだとすれば、それは何だろう？

二つの可能性が考えられる。一つは、多くの可能な知覚主体（駒子や幾多郎や晋三や……）の中から私である主体をピックアップしておいて、でも「私」というあり方は特殊なあり方なので、それだけは特別に主語なしで表現する、という操作である。もう一つは、その場にいる多くの知覚主体も自分と同じように知覚をしているということを暗黙のうちに推論し、その事実を併せて一緒に表現するという操作である。どちらも、まずは、知覚主体が複数存在することは自明の前提にしている。日本語は、そしてまた西田哲学は、それを前提にしていないのである。知覚する主体は、もしそういうものが存在するとすれば、つねに一つである。その場合、他者というものを排除しているという意味で一つなのか、他者たちを含み込んでいるという意味で一つなのかは、実は、判然としない。

『善の研究』の西田は、「意識現象が唯一の実在である」という章で、簡単にこう書いている。「もし個人的意識において、昨日の意識と今日の意識が独立の意識でありながら、その同一系統に属するの故を以て一つの意識と考えることができるならば、自他の意識の間にも同一の関係を見出すことができるであろう」*（六九ページ）。

＊昨日の意識と今日の意識が一つの意識でありうるのは、今日の意識が昨日の意識に記憶という紐帯《ちゅうたい》によって確実に届いているからである。昨日の私はもういないので、ここには対抗馬がいないのだ。対抗馬がいないゆえの確実性である。対して、自分の意識を他者の意識に確実に届かせる紐帯は存在しない。ここには他者自身という強力な対抗馬がいるからだ。対抗馬がいるゆえの不確実性である。この議論を論駁《ろんばく》するには、昨日の意識と今日の意識の関係の場合にも、昨日の私自身という強力な対抗馬がいると（「もういない」という議論に抗して）主張しなければならない。あるいは逆に、自他関係の場合にも、他者自身という対抗馬は現に存在しないと（「現にいる」という主張に抗して）主張しなければならない。どちらも可能な主張だと私は思うが、少なくとも、「今日—昨日」関係と「自—他」関係の類比は、ここでの西田が簡単に言うほど簡単ではない。
この箇所の西田は、続けて「我々の思想感情の内容は凡《すべ》て一般的である」と書いて、「数理」を例に挙げている。しかし「数理」が「誰が何時何処《いつどこ》に考えても同

一」なのは、規範性（つまり正しい答えは何であるか）が前提になっているからである。すべての「思想感情」がそうだとはいえない。私の隣で海を見ながら雷鳴を聞いているように（私に）見える人が、私と同じように海を見、雷鳴を聞いているかどうかは、（私には）わからない。感情の場合ならなおさらそうだろう。私が悲しいとき（私には）世界が悲しいように映る。しかし（実は）世界が悲しいのではない。なぜなら、隣の人は（実は）悲しくないだろうから。英語的表現は、この可能な事実をあらかじめ言語表現の基礎に据えているわけである。言いかえれば、経験の主体は常に世界の内部に存在する個人であるという事実を、言語表現の基礎にあらかじめ織り込んでいる。それを織り込んでいない非人称的な日本語的表現のほうが、（他者を、排除しているという意味であれ、含み込んでいるという意味であれ）実は暗に独我論的であり、前期西田哲学もそうであるといえる。しかし、その後の西田哲学は、そこから出発して英語的表現の成立の謎を解明した。それはまた本書の中心主題でもある。

すでに述べたように、西田哲学においては、したがって西田哲学的に解釈された日本語においては、知覚する主体もまた、究極的には存在しない。雷鳴が聞こえているとき、海が見えているとき、それを聞いたり見たりしている主体は、存在しない。雷鳴が聞こえているということ、海が見えているということが、存在するだけである。あえて「私」と言うなら、私が雷鳴を聞き、私が海を見るのではなく、雷鳴が聞こえ、海が見えていること自体が、すなわち私なのである。

しかし、そこまで行けば、「聞こえている」「見えている」もよけいだろう。「聞こえている」とか「見えている」とか言ってしまうと、どうしても、聞いているのは、見ているのは、誰か？　という問いが喚起されてしまうからだ。雷鳴が聞こえていることではなく、その雷鳴そのものが、海が見えていることではなく、その海そのものが、存在するだけだ。それらとは独立の知覚作用や知覚主体は存在しない。あえて「私」と言うなら、こんどは、雷鳴自体、海自体が、すなわち私なのである。

2　知即行――真理と意志は合致する

意志はどう捉えられるか

ところで、ここまで挙げてきた例は、聴覚と視覚という二種類の知覚である。記憶や、予想や、空想や、思考など、知覚以外の場合でも同じことが言えるだろうか。数年前の失恋を思い出したり、明日来るであろう台風について予想したり、数学の問題を解いたりするとき、それらをしている私というものはないのだろうか。ないのだろう。数学の試験問題を解きながら、ふと今朝の車内の出来事を思い出し、それらと無関係に脚にかゆみを感じるときでさえ、それら複数の事象をまとめている「私」などというものは存在しない。存在するのは、数学の試験問題を解こうとしていること、今朝の車内の出来事が思い出されていること、脚にかゆみが感じられていること、そうした諸々《もろもろ》のことだけだろう。それなら、なぜそれらはばらばらにならないで、一緒に感じられるのか、と問われるなら、後の西田の用語を使って、同じ「場所」に起こっているからだ、と答えるのはごく自然な発想ではなかろうか。そして、その「場所」を、あえて名づけるなら、「私」と呼ぶのだ、と考えることができる。だから、この場合の「私」は、「私は」という主語的統一ではなく、「私に於《お》いて」という述語的統一なのである。西田自身の比喩《ひゆ》を使っていえば、それは、一つの点ではなく一つの円である、ということになる。

しかし、ここまで挙げてきた例は、知覚や記憶や予期や空想や思考など、思考はちょっと別だが、概していえば、向こう側から与えられる、あるいは自然と湧き起こってくる、受動的な事象であった。もっと意志的で能動的な心の働きを、西田はどう考えているのだろうか。

実をいえば、西田の「純粋経験」概念は、けっして知覚的・受動的なものではなく、当初からむしろ意志的・能動的なものなのである。「バークレーの有即知というのも余の真意に適しない。直接の実在は受動的の者ではない。独立自全の活動である。有即活動とでもいった方がよい」（『善の研究』六八ページ）と、西田は言う。この点に関して、西田は、おそらくは終始一貫、かなり独特の考えを持っていた。単に行為を思うだけでは、行為の実行を生み出しはしない。なぜなら、まだ「行為の表象が全意識を占領してない」からである。しかし、ある思いに「真に純一」となれば、その思いはそのまま実行される。これがすなわち「意志」である。そして、興味深いことに、西田においては、「真理」という概念がこれと並行的に考えられているのだ。

西田によれば、与えられた諸表象が最も強力かつ包括的に統一された場合、それがすなわち客観的真理なのである。だから、真理を知るとは自分の経験を統一することなのだ。この真理観自体は、真理の整合説（つじつまのあった説明がすなわち真理であるという説）の一種と見れば、それほど新奇な説でもないだろう。しかし、西田においては、この真理観は先ほどの意志観と一体をなしており、意志（あるいは行為）を成立させる欲求の統一と、真理（あるいは知識）を成立させる表象の統一が、主客未分の純粋経験においては、同一の事態であると考えられていた。「その統一の極致が真理であり兼ねてまた実行である」。「未だ知と意と分かれておらぬ、真に知即行である」（『善の研究』四五ページ）。そして、この場合もまた、もちろん、私という主体がこの「知即行」をおこなうのではなく、この「知即行」そのものが、すなわち私なのである。

それなら、なぜ統一する働きの主体がその働きによって統一される中身から区別されて、あたかも独立の実在であるかのように、現れてくるのか。それは、複数の統一の仕方が互いに矛盾対立するからである。「衝突矛盾のある処に精神あり、精神のある処には矛盾衝突がある」（『善の研究』一一二ページ）。意志においても、複数の動機のあいだに衝突がない場合、たとえば「我々が或一芸に熟した時、即ち実在の統一を得た時」は、無意識であり、主客合一が実現されている。しかし、複数の動機が互いに衝突すると、意志というものが意識され、それにしたがって自分の心というものが自覚されるにいたる。ゆえに、精神には必然的に苦悶《くもん》が伴う、というわけである。

もちろん西田において、この衝突は克服されるべき事態である。そもそも精神は実在の統一作用そのものなのだから、統一されるもの（実在）を離れて、それだけで自存することはできない。心とは世界なのである。このような考え方自体は、カント以来のいわゆる超越論哲学の基本的発想であって、西田に特有というわけではない。この考え方にしたがえば、実在世界の内部に心などという存在者があるわけではないことになる。しかし、カントなら、実在世界の内部に存在するとされる「心」（人間、あるいは動物の）という存在者の方もまた、その実在の統一作用によって構成される事情を考察するであろう。すると、知識成立の基準は、実在世界の内部基準ということになるし、倫理や宗教はそれを超える問題だ、ということになるだろう。しかし、西田は違う。西田においては、超越論哲学の、この世界構成の理論が、そのまま知識論であり、倫理学であり、さらにまた宗教哲学でもあるのだ。

知識・倫理・宗教——主客の合一としての

まず知識については、西田哲学においては、あるものを知ることは、そのあるものになることである。海を見たとき、海の存在を知ることができるのは、知る主体である私がその海そのものと一つになり、海が私であって、もはやそれを離れて私など存在しないからである。知識とは方向が逆である（と通常は考えられている）意志においても、事情は同じである。意志はただ客観的自然と合一することによってのみ実現される。「釈迦、基督《キリスト》が千歳の後にも万人を動かす力を有するのは、実に彼らの精神が能《よ》く客観的であったが故である」*（『善の研究』一一七ページ）。

＊ すぐ続けて西田は「我なき者即ち自己を滅せる者は最も偉大なる者である」と言っているが、この論理展開には疑問がある。釈迦《しやか》やキリストが千歳の後に万人を動かす力を持ってしまったのは、彼らの精神が（少なくとも彼らが生きたそ

の時点で）むしろ客観的でなかったからではあるまいか。はじめから客観的な精神を持つ人は、むしろ目立たぬ人で、もちろんその後もずっと目立たぬままであろう。それをもって「最も偉大なる者」と称する方が（私の心に触れる限りでの）西田哲学にふさわしい。

しかし、実をいえば、この論点は西田哲学に対する根本的な疑問に通じている。知覚や知識において客観的（主客合一的）であることと、意志や行為において客観的（主客合一的）であることとは、西田に反して、実は根本的に異なるのではあるまいか。後者においては、何が客観的であるかの判定は常に後からしか与えられない。釈迦やキリストの精神が客観的であるとされるのは「千歳の後」の観点からである。しかし、そのような観点を先取りすることは誰にもできない。凡人のふだんの行為でも、後の観点を先取りすることはできないという点は同じであろう。

次に倫理について言えば、西田の場合、倫理的な善もまた、主客の合一としてのこの統一作用と別のものではない。善が実現されるのは、自己の全人格の根底から発せられる最も深い内面的要求と、客観的実在の根底から自《おの》ずと現れてくる自然本性の実現とが一致したときである。それは、知情意の区別なく、もちろん主客の分裂もない、直接経験の状態において、自覚される。このような「善」の概念は、また「美」の概念にも近づくことは明らかだろう。

雪舟が自然を描いたものでもよし、自然が雪舟を通して自己を描いたものでもよい。元来物と我と区別のあるのではない、客観世界は自己の反影といい得るように自己は客観世界の反影である。我が見る世界を離れて我はない。

（『善の研究』一九三ページ）

宗教もまた、このことと別のことではありえない。西田において、神は実在を超越した彼方《かなた》にあるのではなく、主客を合一した実在の根底にある力が、すなわち神なのである。だから、われわれは、みな自分自身の根底に神を見ることができる。「ヤコブ・ベーメのいったように、翻されたる眼 umgewandtes Auge を以て神を見るのである」*（『善の研究』一二三ページ）。

＊「翻されたる眼」とは、内側を見る眼である。私はこのような宗教観にはさして違和を感じない。しかし、倫理観は、残念ながら、そううまくはいかないと思う。全人格の根底からの最も深い要求がどのような場合に客観的実在の自然本性の実現と一致したと見なされるべきなのか、その根拠がはっきりせず、結局、それはそういう気分でしかありえないと思うからである。人はそういう気分でいかなる悪行をも為《な》すことができるであろう。

ところで、先ほど私は、知情意の区別なく主客の分裂もない直接経験の状態において「自覚」される、と言ったが、これは西田哲学固有の用語における「自覚」である。この場合も、私が自覚するのではなく、自覚がすなわち私である。それなら、いったい何が自覚するのか、と問われるなら、雪舟《せっしゅう》についての引用文からもわかるように、世界が、というのが西田の答えである。西田哲学固有の表現で言うなら、「世界が自覚する時、私が自覚する」となろう。

西田哲学のこういう表現は、一見、神秘的に聞こえるだろうが、実はむしろ自明なことを表現している。哲学の難解な表現の多くはそうなのだが、通常の言語では表現できないほど自明なことを表現している、と言ったらいいだろう。それは、知覚の場面に即して言えば、こう言っていることになる。(世界の中の一事象である)雷鳴が聞こえているという把握がなされる時には、派生的事態として、(意識の中の一つである)私が聞いているという把握もまた生まれる、と。「知即行」の場面でも、つまり、倫理や宗教に関しても、このことは変わらない。

ついでに言えば、西田が、フィヒテの「我は我なり」を否定して、「我は、我ならずして、我である」と言うときにも、とりたてて神秘的なことを言っているわけでもなければ、また奇異な表現によって人を煙《けむ》に巻いているわけでもない。これは、これまで述べてきたような意味で、「私は、私でなく世界であることにおいて、私である」ということにすぎない。もし私が世界でなかったら、世界の内部には「私」と発言する主体はたくさんいるのだから、そのうちどれが私であるか、分からなくなってしまうだろう。しかし、心配ご無用、私は、私でなく世界そのものであるので、世界そのものでないような私たちと紛《まぎ》れてしまうことはない。そのことのおかげで、私は私でありえている、というわけである。（ここで「世界」と呼ばれているものは、後の西田によって「場所」と呼ばれる。）言葉という観点から言い直せば、「私」と言われるものは、私とは言えないものに基づいているからこそ、「私」と言えるのだ、ということである。もしこの事態を神秘的と言うなら、世界は（あまりに自明なので誰もそう感じないほど）実際に神秘的なのである。

3 デカルトvs.西田幾多郎

観念論的要素を取り去れば

西田は、『善の研究』の「考究の出立点」と題された章で、こう書いている。「今もし真の実在を理解し、天地人生の真面目を知ろうと思うたならば、疑いうるだけ疑って、凡《すべ》ての人工的仮定を去り、疑うにももはや疑いようのない、直接の知識を本として出立せねばならぬ」（『善の研究』六〇ページ）。物と心が独立に存在しているというようなことは、われわれがものごとを考える都合から人為的に仮定しただけだから、疑おうと思えばいくらでも疑える。疑いたくても疑うことができない直接の知は、ただひとつ、直接的に経験される事実である。ここには、主観と客観（信念と事実）の区別がないから、ひょっとしたら偽なのではないか、と疑う余地がそもそもないのだ。主観的にはそう見える（思える）が客観的にはそうではない（そう信じられているが事実はそうではない）ということが「偽」であることの意味であるのに、ここにはその分裂がないから、「偽」である可能性がそもそもない。それゆえ、直接的な経験は懐疑の対象にもなりえない。そして、われわれはそこから出発し、そこに戻ってくるしかないのだから、この直接的経験の事実こそが究極の実在である。この究極の実在においては、知る者と知られる物は少しの隙間もなしに一致している、というわけだ。

ただし、『善の研究』の時期の西田は、「純粋経験」を「意識現象」と見なしていることからも明らかなように、どちらかといえば反唯物論的・観念論的傾向が強いといえる。振り返って書かれた「版を新にするに当って」において、西田はこう書いている。「今日から見れば、この書の立場は意識の立場であり、心理主義的とも考えられるであろう。然《しか》非難せられても致方《いたしかた》はない。しかしこの書を書いた時代においても、私の考の奥底に潜むものは単にそれだけのものでなかったと思う」（『善の研究』六ページ）と。純粋経験の立場は『自覚における直観と反省』にいたって絶対意志の立場へと進み、『働くものから見るものへ』の後半において「場所」という考えに達することになる。『善の研究』で、最も端的に観念論的な立場が表明されているのは、次の箇所であろう。

普通には我々の意識現象というのは、物体界の中特に動物の神経系統に伴う一種の現象であると考えられている。しかし少しく反省して見ると、我々に最も直接である原始的事実は意識現象であって、物体現象ではない。我々の身体もやはり自己の意識現象の一部にすぎない。意識が身体の中にあるのではなく、身体はかえって自己の意識の中にあるのである。

（『善の研究』六六―六七ページ）

この立場表明に続けて、その論拠として西田が書いたことは（西田自身は後にそれを捨てたとしても）やはり重要である。「神経中枢の刺激に意識現象が伴うというのは、一種の意識現象は必ず他の一種の意識現象に伴うて起るというにすぎない。もし我々が直接に自己の脳中の現象を知り得るものとせば、いわゆる意識現象と脳中の刺激との関係は、ちょうど耳には音と感ずる者が眼や手には糸の震動と感ずると同一であろう」。

今日では「直接に自己の脳中の現象を」見ることは可能であろうから、眼で脳状態を知覚しながらそれに伴うある感情を感じることは原理的に可能であろう。これは、西田の言うとおり、一つの種類の意識現象は必ず別の種類の意識現象に伴って起こるというにすぎず、どこまでいっても物体現象が意識現象を引き起こしている場所には到達できない。

この捉え方から観念論的要素を取り去って、西田哲学の本来の捉え方で表現し直すなら、こうなるだろう。「直接に自己の脳中の現象を」見るときにも、私が脳を見るのではなく、（見られている）脳がすなわち私なのだ、と。もちろん、そのとき感じられている感情についても、同じことがいえる。それゆえ、自分の感情を研究している脳科学者もまた、純粋経験を超えることはないのだ、というわけである。*

＊この議論に対する可能な反論は、それはしかし「脳科学者」という個人の持つ純粋経験ではないか、というものだろう。純粋経験そのものから出発しようとしても、言語表現においては、それを持つ個人（物体としての身体をそなえた動物）から出発せざるをえない。すなわち、英語的把握を前提にせざるをえない。しかしもちろん、さらに西田側から見れば、そのような物体現象もまた、意識現象の中から「各人に共通で不変的関係を有する」ものを抽象したものにすぎない、とはいえる。そして、まさにこの対立こそが問題の核心なのである。

「われ思う、ゆえに、われあり」の第一の二義性

さて、「考究の出立点」である「疑うにももはや疑いようのない、直接の知識を本として出立せねばならぬ」という点に戻ろう。疑いたくても疑うことができない直接知は、西田によれば、直接経験される事実であった。繰り返すなら、そ

こには主観と客観（信念と事実）の区別がないから、ひょっとしたら偽かもしれない、と疑ってみる余地がそもそもなかった。主観的にはそう見える（思える）が客観的にはそうではない（そう信じられているが事実はそうではない）かもしれない、という可能性がそもそもないからである。しかも、すべての認識や行為の出発点は、西田によれば、事実としても、この純粋経験にあるのだ。

この議論を、デカルトの『省察《せいさつ》』のそれと比較してみよう。西田は、「今もし真の実在を理解し、天地人生の真面目を知ろうと思うたならば、疑いうるだけ疑って、凡《すべ》ての人工的仮定を去り、疑うにももはや疑いようのない、直接の知識を本として出立せねばならぬ」と言う。この出発点認識は、デカルトのそれと酷似している（ただし、「凡ての人工的仮定を去り」の「人工的」の一語は固有に西田的であってデカルト的ではない）。そして、デカルトの場合は、まず自分はいま夢を見ているのではないかと想定し、次いで悪霊（欺《あざむ》く神）にだまされているのではないかと想定してみて、それでもなお、そのように疑っている私が存在することは疑いえない、という結論に達するのであった。*

＊しかし、その「私」は想定上は、悪霊によって「欺かれて」いる可能性がある。それはつまり、あたかも疑っているかのように思わされているが、実は疑ってなどいない可能性があるということだ。だが、それでも自分が疑っていると思っていることは疑いえない。悪霊に欺かれてそう思わされているのだとしても、そう思わされているのなら、やはりそう思ってはいるのだ。それが「われ思う、ゆえに、われあり」の真意である。もし、デカルトをそう解釈することができれば、デカルトは西田にぐっと近づく。だが、もし、そうではなく、悪霊の欺きはどこまでも私の疑いの内部での想定にすぎない、すなわち疑う主体はあくまでも欺きの外部にある（それゆえ疑いなく存在する）と見なすなら、デカルトは西田から遠ざかる。

西田は、「デカートの『余は考う故に余在り』は推理ではなく、実在と思惟との合一せる直覚的確実をいい現わしたものとすれば、余の出立点と同一になる」

（『善の研究』六三ページ）と言う。たしかに、そうみなすことは可能だと思う。しかし、そうであるなら、「われ思う、ゆえに、われあり」よりは、「思う、ゆえに、思いあり」の方がふさわしいだろう。

さてでは、確実に存在するのは、思いだろうか、それとも私だろうか。そう問われたなら、おそらく正解は、その二つは同じことである、というものであろう。私ならば必ず思い、思えば必ず私であるからだ。というより、直接的な仕方で思っている（意識している）当のもののことを「私」と呼ぶのである（そして、思い以外のものは存在しない）。つまり、直接的な思いの存在が、すなわち私の存在である。そうであれば、「われ思う、ゆえに、われあり」と、「思う、ゆえに、思いあり」は、端的に同じことを言っていることになる。

デカルトが「われあり」という端的な直接的真理を発見したとき、彼は「思いあり」以上の何かを発見したわけではなかった。ただ、英語的な捉え方と同じ系統に属するラテン語の表現法が、日本語のような非人称表現をゆるさず、そのことがデカルトに「私」の存在を結論させることを強いた、と捉えることはできる。

だが、たとえそうだったとしても、この小さな違いはもはや架橋不可能なほどの隔たりを生むことになるだろう。まずは、デカルトの言うところを正確に聞いておこう。

しかし、いま、きわめて有能できわめて狡猾《こうかつ》な欺き手がいて、私を常に欺こうと策をこらしている。それでも、彼が私を欺くのなら、疑いもなく、私はやはり存在するのである。欺くならば、力の限り欺くがよい。しかし、私がみずからを何ものかであると考えているあいだは、彼は私を何ものでもないものにすることは決してできないであろう。かくして私は、すべてのことを存分に、あますところなく考えつくしたあげく、最後にこう結論せざるをえない。「私はある、私は存在する」というこの命題は、私がこれを言い表すたびごとに、あるいは精神によってとらえるたびごとに、必然的に真である、と。(『省察』第二省察、第三段落。「欺くならば、力の限り欺くがよい。しかし……」の箇所は井上庄七、森啓訳による。これは一種の意訳ではあるが名訳だと思う。)

ここには、先ほど指摘した問題、すなわち、悪霊の欺きは私の疑いの内部での想定にすぎない（疑う主体自体は欺きの外にある）のか、それとも逆に、その想定の内部からその想定それ自体を包み込む逆転が生じて、悪霊の欺きは私の疑いの外部にあって私の疑いそれ自体を作り出している（疑う主体は悪霊の欺きの内にある）のか、という問題がある。どちらにとるかによって「彼が私を欺くのなら、疑いもなく、私はやはり存在する」という文の意味が変わってくる。「やはり存在する」とされる「私」の性格が違ってくる。*

＊　その想定の内部からその想定それ自体を包み込む逆転が生じうる、と解釈すべきだと私は思う。悪霊の欺きにもかかわらず、疑っている私が存在することが確実なのは、私の疑いによって悪霊の欺きが存在させられていることと、悪霊の欺きによって私の疑いが存在させられていることが、もはや区別できなくなって、

相互包摂の関係が成立し、それでもなお、疑っている私の存在（疑っているように思うその思いの存在）が確保されるからであろう。この事実は、デカルトの思索を西田のそれに近づける。『省察』のデカルトは、その「思い」の内部から、（思いの内部からその実在に達することができる唯一の存在である）神の存在を確保し、その神を通して外界を確保することになるだろう。

「われ思う、ゆえに、われあり」の第二の二義性

しかし、ここには、さらに別の問題の萌芽《ほうが》も読み取ることができる。「……というこの命題は、私がこれを言い表すたびごとに、あるいは精神によってとらえるたびごとに……」という箇所に端的に現れている問題である。どうして、「私はある、私は存在する」という覚醒《かくせい》に達した今この瞬間（この刹那《せつな》）でなく、同じ「命題」を「言い表すたびごとに」、あるいは「精神によってとらえるたびごとに」なのか。今この瞬間ではない「たびごと」のことを、今この瞬間の私が、

今この瞬間の思いが、なぜすでに知っているのか。ここに、デカルトと西田を分かつ決定的な分水嶺《ぶんすいれい》がある。

この問題は、デカルトの後の著作『哲学原理』ではさらに先鋭な形で現れてくる。『省察』では、「たびごと」という形で時間的に複数化されてはいても、なお維持されていた人称的な単数性が、ここではいともあっさりと破棄されている。『哲学原理』第一部の七は、表題からして「われわれが疑っているあいだわれわれが存在していることは疑いえない」（強調引用者）という第一人称複数形で書かれている。その内容の全文を引用しておこう。

ところで、このように何らかの仕方で疑いうるものはすべて退け、さらに偽であると思うようにするなら、神も天空も物体もないと、また、われわれ自身も手も足もさらには身体も持たないと、想定するのは簡単なことだろう。しかし、それだからといって、このように思っているわれわれが無であると、想定することはできない。なぜなら、思うものが思っているまさにそのときに存在しないというのは矛盾しているからだ。だから、「私は思う、ゆえに、私はある」というこの認識は、あらゆる認識のうち、順序正しく哲学する誰もが出会う、最初の最も確実な認識なのである。

どうして、「私は思う、ゆえに、私はある」という認識が確実なのは、「私はある、私は存在する」という覚醒に現に達したこの私ただひとりでなく、「順序正しく哲学する誰も」なのだろうか。そもそもこの私ではない「われわれ」一般のことを、私がなぜ知っているのか。そんなことはできないということこそが、デカルトが達した最も確実な認識ではなかったのか。いや、そうではないのだ。「私は思う、ゆえに、私はある」という認識が確実なのは、「思うものが思っているまさにそのときに存在しない」ことが「矛盾」だからである。それは、一般的かつ客観的に、矛盾なのである。

しかし、もしそうなら、歩いている者が歩いているまさにそのとき存在しないことだって、同じように矛盾ではないか。それはそうなのだが、その場合は、そもそも本当に歩いているかどうか、がつねに確実とはいえない。対して、思っていることは（思っていると思っていることである限り）つねに確実である。そして、そのことは、思う主体一般に成り立つ一般的な論理的真理にすぎない。だから私は、どの「私」に関しても、私自身の場合と同じことが成り立つことを、つねにすでに知っているのである。

しかし、もしそうであるなら、結局、この確実な認識は、「すべての思うものは存在する」を大前提とし、「私は思う」を小前提とし、そこから「ゆえに、私は存在する」という結論を導き出す、あの三段論法に基づいていることにはならないか。もしそうだとすれば、最も根本的な真理はこの三段論法の大前提だ、ということになる。これはデカルト自身が「第二答弁」において明確に否定した論点であった。そこでデカルトはこう言っている。「そうではなく彼は、彼が存在しない限り彼が思うことはできないということを彼自身のうちにおいて経験することから、彼の存在を学び知るのである」（『デカルト著作集2』白水社、一七二ページ。訳文は読みやすさの観点から改変）。つまり、この一般的な認識は、自分自身における特殊な直接的認識から発見されるほかはないのだ、と。とはいえ、今度は「彼」というあからさまな第三人称である。彼が自分自身における直接的認識（特殊）から、思うものが思っているまさにそのときに存在しないことは矛盾であるという間接的認識（一般）を発見することを、私はなぜもう知っているのか。そんなことはできないということこそが、デカルトが達した最も確実な認識ではなかったのか。

ここに登場する「特殊」はすでにして本質的に第三人称的な特殊性でしかない。ここに認められる直接性と間接性の対比は、すでにそれ自体が間接的な対比にすぎない。ここに認められる特殊と一般の関係は、それ自体がすでに一般的な関係にすぎないのだ。問題がこのような一般的な対比に還元され、矮小化《わいしょう》されてしまえば、そのような対比に還元されない直接性としての「私」は、もはや登場する場所はない。実際、デカルトにおいては、そうなっている。

西田はデカルトの何を拒否したのか

西田幾多郎は、初発からこの還元を拒否していた。それが、デカルトと西田の本質的な分岐点である。しかし、この還元を徹底的に拒否すれば、もはや「私」という語すら使うことはできない。実際、西田においてはそうなっている。語としての「私」は、あらゆる「彼」と「彼女」が自分を指す場合に使用される語でしかないからだ。言い換えれば、「彼」として読み替えられない「私」は、言語では表現できない。その意味で、「われ思う、ゆえに、われあり」は、はじめから「彼思う、ゆえに、彼あり」なのである。もしそれを拒否するなら、その思想は言語では表現できない。実際、西田においてはそうなっている。

それでは、西田において、疑いえないものは何であるか。「そはただ我々の直覚的経験の事実」(『善の研究』六二ページ)のみだと西田は言う。「我々」という語が使われているが、西田の場合、これはそれぞれの個々の「私」を(「私」という語の機能によって)一般的に指示する表現なのではなく、(幼児期の思い出もまた私の現在の事実であるのと同様に)べったりと実質的につながった一つのものを指している。

たとえば雷鳴が聞こえるとき、それは実は「雷鳴」ではないという可能性はある。それなら、「雷鳴のように聞こえる」とか「雷鳴が聞こえるように思える」とか言えば、それは疑いえないのか。これはデカルト路線である。しかし、直覚的経験の事実が問題であるなら、雷鳴のように聞こえているように思えても、実は雷鳴のように聞こえていないこともまたありうるのだ。「雷鳴」という語の意味を誤解している場合である。そこで、強化されたデカルト路線は、たとえば「私が『雷鳴』と呼ぶもののように聞こえているように私には思える」というような仕方で戦線を拡大せざるをえない。

しかし、そんな戦線拡大をしなくても、「雷鳴のように聞こえる」とか「雷鳴が聞こえるように思える」とか表現された直覚的経験の事実そのものは疑いえない、という路線もありうる。しかし、この場合、いったい何が疑いえないのか。経験そのものが存在しているという事実と、その経験が「こうである」という事実である。しかし、その「こうである」が「どうである」かを、言葉（たとえば

「雷鳴」というような）を使って表現することはもはやできない。西田にとって、言葉は取り去るべき「人工的仮定」にすぎない。

真の直接経験の事実は、我がそれを知っているというのではない。我が知るというのではなく、ただ知るということがあるだけである。否、知るということがあるのでもない。赤ならばただ赤というだけである。これは赤いというのも既に判断である。直接経験の事実ではない。直接経験の事実は、ただ、言語に云い現わすことのできない赤の経験のみである。赤の外に「知る」とか「意識」とかいうことは不用である。赤の赤たることが即ち意識である。

（『全集』第一五巻一八〇ページ）

こう言った後、西田はこういう意味のことを言っている。思考の要求としては、意識とか我とかを考えなければならないかもしれないが、その思考だってやはり純粋経験の事実なのであって、その純粋経験の背後にまわることはもはや決してできないのだ、と。そして、さらに「面々神と相対するところここにあり」と付け加えている。人が神と出会う場所はここである、というわけである。*

＊後の展開を先取りして言うなら、これはもちろん、いわば無的な場所としての神を意味している。だから、取り立てて言わなければ、神などというものも無い（無である）。

しかし、西田が「直接経験の事実は、ただ、言語に云い現わすことのできない赤の経験のみである」と言うとき、彼は言語で言えないはずのことを言語で言っている。純粋経験の実態は、ここでは「赤の経験」という（すでに判断を経ているはずの）言語表現を通じて、人々に伝えられている。伝えられているだろうか？　デカルトの場合なら、肯定的に答えられるこの問いに、西田の場合、実は、肯定的に答えることができない。人々が「赤の経験」という言語表現を通して、「ああ、あれね」と理解したときには、もう裏切られてしまうはずのことを、ここで西田は言おうとしているからだ。だから、この言葉が人に通じたときには、面々が相対しているはずのその神は、いわばもう死んでいるのである。無であらねばならない神が有になってしまうからである。

　デカルトの場合は、逆の問題が生じる。デカルトにおいては、直接経験そのものは実はなかったとしても、それはあるという（言語的な）思いだけがあれば、それは「ある」ことになってしまうのではないか、という逆の疑念が生じるのだ。「われ思う、ゆえに、われあり」と正しく判断する意識のないロボット（あるいはゾンビ）は可能なのである。これは、先に指摘した「思い」の二重の位置づけ（欺きの内部と外部との）とも連動して、デカルト的コギトをめぐる真の迷宮を作り出すことになる。それが迷宮であるのは、その「思い」そのものが（言語的であると同時に）どこまでもまた直接経験でもあるはずだからだ。しかし、その「直接経験」とはいったい何であろうか*？

＊　直接経験は、じかに体験され、意識される生々しい感じ（これを「クオリア」

という）をともなう。これに対して、「われ思う、ゆえに、われあり」は自己意識の表現であるが、自己意識は、自己言及という形式的性質にすぎないので、直接的意識の生々しい感じをともなう必要がない。自己意識なき意識が可能なのと同様、意識なき自己意識もまた可能なのである。しかし、通常、この二つはあいともなって現れると考えられている。それはなぜか。そこには実はかなり複雑な事情が介在しているのであって、本書は、西田哲学の解釈を通して、この事情の解明を目指している。

この論点はまた、デカルトの「われ思う、ゆえに、われあり」に関してしばしば問題にされる、「それは論証なのか、それとも直観なのか」という問題ともつながっている。デカルトの場合、それは両方だろう。彼においては、論理的推論と生《なま》の事実、つまり本質と実存は連続している。存在する「私」は、端的に存在するこの私自身でなければならないと同時に、それはまた「疑っている、考えている私」という仕方で、論証的連関の中に位置づけられてもいなければならない。

デカルトが疑うことを通して発見した疑いえない真理は、自らその懐疑を実行した彼自身によって（のみ）直観されたものであるとともに、それを表現する命題間の論理的連関によって、一般化されてもいる。そこには、「われあり」の一言のもとに、いわば二種の異質な真理、二種の異質な「疑いえないこと」が混在し、共存しているのである。

疑いえないものが生《なま》の事実だけだったなら、彼は西田と同じ困難に直面していたはずである。しかし、デカルト自身を含めて、その後の西洋哲学史は、生の事実ではない側を自立させる方向へと展開した。そして、西田幾多郎は、初発からこの展開を拒否したのである。

＊　＊　＊

西田は折にふれて歌を詠《よ》んだ。第一章の時期から第二章の時期への移行期間にあたる一九二二年から二五年にかけて彼が詠んだ短歌から、私の心に触れる数首をここで紹介したい。

運命の鉄の鎖につながれて打ちのめされて立つ術もなし
赤きもの赤しと云はであげつらひ五十路あまりの年をへにけり
わが心深き底あり喜も憂の波もとゞかじと思う
かくてのみ生くべきものかこれの世に五年こなた安き日もなし
世をはなれ人を忘れて我はたゞ己が心の奥底にすむ
真夏日を昼はひねもす犬ころと庭の垣根に戯れにけり
人は皆幸ありげなりこの思い誰と語らむ物足らぬ世や
果てしなき思ひにふけり夢のごと今日もかくして日はくれにける

第二章　場所——〈絶対無〉はどこにあるのか

1　言語哲学者としての西田

確信犯ウィトゲンシュタインとの対決

それゆえ西田は、デカルトが直面しなかった難問に直面していた。自分の哲学をどうして言葉で語れるのか、という問題である。彼は、この難局からどうやって脱出することができたのだろうか。

前章の最後に私は「その後の西洋哲学史は、生《なま》の事実ではない側を自立させる方向へと展開した」と書いたが、この方向の頂点に位置するのがウィトゲンシュタインである。彼は、自分だけに起こる感覚を指す、自分にとってだけ意味を持つ語（E）というものを想定して、そういうものが言語として機能しうるかを自問し、ついにこう書いている。

「E」をある感覚の記号と呼ぶことに、どんな根拠があるのか。「感覚」だって、われわれの共通の言語に含まれている語であって、私だけに理解される言語の語ではないのだから。だから、この語を使うにはみんなが了解するような正当化が必要である。――だから、また、それが感覚である必要はないとか、「E」と書くとき何かがあるのだ、と言ってみたところで、何の役にも立たない。――しかも、それ以上のことは何も言えないだろう。ところが、「ある」や「何か」もまたわれわれの共通の言語に属している。――そこで、人は哲学をする際に、ついには分節化されていない音声だけを発したくなる地点に達することになる。――しかし、そのような音声が一つの表現であるのは、一定の言語ゲームの中においてなのである。その言語ゲームこそがいま記述されねばならない。

（『哲学探究』I―二六一）

「E」を、西田のいう「言語に云い現わすことのできない」はずの「直接経験の事実」だけを特別に指す特製の語だと解釈してみよう。するとウィトゲンシュタインはこう言っていることになる。——いや、しかし、その「直接経験の事実」だって、われわれの共通の言語に含まれる言葉じゃないですか。だから、初めから「直接経験の事実」という言葉が位置を持つ言語ゲームに乗っかっているんですよ。もしそれを拒否しようとするなら、あなたは最後には分節化されていない音声だけを発したくなる段階に達してしまいますよ。そして、そのときでさえ、その音声がもし何らかの意味を持つなら、それはそれが意味を持つような言語ゲームの中に位置づけられているからなのですよ。もしそうでないとしたら、恐ろしいことに、あなたの叫び声は誰にも何の意味も持たないのです。

もしデカルトが史上最初に、そうとは知らずにこの犯罪を犯してしまった過失犯だったとすれば、そして、その後のイギリス経験論、ドイツ観念論、フッサール現象学、等々が、この過失犯の子孫だったのだとすれば、ウィトゲンシュタインは史上最初に登場した確信犯である。彼は、驚くべきことに、言葉が体験と独立にそれだけで意味を持ちうると信じている。「体験」もまたそういう言葉にすぎないのだ。もちろん、デカルトはそんな馬鹿げた信仰は持っていないが、そうとは知らずに、その信仰が可能な道を切り開いた。西田は逆の確信犯だから、これまた驚くべきことに、体験が言葉と独立にそれだけで意味を持ちうると信じている。言葉の意味もまたそういう体験にすぎないのだ。もちろんデカルトは、そんな馬鹿げた信仰も持ってはいないが、そうとは知らずに、そのような信仰が可能になる道も切り開いた。デカルト自身は過失犯であるから、体験と言語がなんの問題もなく相即することを疑おうともしなかった（ウィトゲンシュタインと西田はそんな素朴な信仰だけは持っていなかった）。

ここでわれわれがなすべきことは、どれかの立場に賛同することではない。それらが可能である根拠を理解すること、つまり、デカルトが「そうとは知らずに」だったまさにそのことを知ることである。本書では、さしあたって西田の側から。

西田側は、こう反論することができる。――われわれの共通の言語に含まれる語だって、直接経験の事実じゃないですか。「直接経験の事実」を使った言語ゲームだって、はじめから純粋経験のうえに乗っかっているんですよ。もしそれを拒否しようとするなら、あなたは最後には分節化されていない音声を発することができない（分節化されている音声しか、すなわち言語ゲームの中で有意味なことしかいえない）段階に達してしまうんですよ。言語ゲームの中にきちんと位置づけられているあなたの言葉は、「みんな」からは理解されても、あなた自身にとっては本当は何の意味もないかもしれないんですよ。そっちのほうがよほど恐ろしくないですか？

もちろん、そうは言える。いや、しかし、そんなことがどうして言えるのか。そんなふうに純粋経験について一般的に語る言語を、西田哲学はどこからどうやって手に入れるのか。この問いがつまり、デカルトが直面しなかった西田に固有の困難から彼がどうやって脱出できるのか、という問いである。

答えは一つしかありえない。それは、純粋経験それ自体が言語を可能ならしめる内部構造を内に宿していたから、というものである。「分節化されていない音声」が一つの言語表現になりうるのは、外部から「一定の言語ゲーム」があてがわれることによってではありえない。そうではなく、内側からの叫びのような音声を自《おの》ずと分節化させる力と構造が、経験それ自体の内に宿っていることによって、なのである。

だから、その後の西田哲学の展開は、一種の言語哲学として読むことができるものである。西田哲学に漠然としたイメージしか持っていない人には意外に思われるかもしれないが、これは決して恣意《しい》的な思いつきではない。禅仏教に基づく宗教的な哲学と思われがちな西田哲学は、その内部に入り込んでみると、むしろ無味乾燥といってもいいほど論理的、形式的な議論に満ちているのである。著者自ら「悪戦苦闘のドッキュメント」と称したことで名高い、『善の研究』に次ぐ第二の著書『自覚における直観と反省』も、その例外ではない。

2 自覚——「私を知る」とはどういうことか

「英国に居て完全なる英国の地図を」

その『自覚における直観と反省』の中で、西田は、数学者デデキントの無限論に基づいてアメリカの哲学者J・ロイスがおこなった「自覚」についての考察を援用している。ロイスが使った「英国に居て完全なる英国の地図を」描くという比喩《ひゆ》が、西田の心を捉《とら》えたものと思われる。

私が英国内にいて、その英国の完全な像を作ったとしよう。問題は、その像の中に自分自身も含めないと完全な像にはならない、という点にある。ところで、この場合の「自分自身」とは像を作る「私」のことではない。「私」は像から独立に英国内にいるのだから、像の中にちゃんと描き込める。問題はその像自身で、これは像の中に描き込めない。像の中にその像自身の像を描き込もうとすると、描き込まれたその像の内部にも、その像の像が描き込まれなければならず、これは無限に終わらない。現実の時間過程のなかに引き伸ばされると、こうなる。——ひとたび像を作ってしまえば、作られた像はそのときはもう英国内にある一つの物なのだから、その時点で英国の完全な像を作るためには、作られたその像を含めた新たな像を作らなければならなくなって、この過程は無限に終わらない、と。

ロイスの言う様に、自己の中に自己を写すという一つの企図から、無限の系列を発展せねばならぬのである。例えば英国に居て完全なる英国の地図を写すことを企図すると考えて見よ。或一枚の地図を写し得たということが、既に更に完全なる地図を写すべき新たなる企図を生じて来る、斯くして無限に進み行かねばならぬ……。

（『全集』第二巻一六ページ）

とはいえ、英国にいて英国の完全な像を作るとは、英国にいる私が私のいる英国の完全な像を作ることである。しかし、この比喩においては、像製作と独立に「私」が存在しているのは、じつはちょっと具合が悪いのだ。世界の像を作るという働きが、すなわち「私」だと言わなければならないからである。世界の自己表象活動——西田ふうにいえば世界の自覚——において「私」が成立するからだ。英国の像が英国の外に作られる場合、「私」は成立しない。像はそこで完結するから、「斯《か》くして無限に進み行かねばならぬ」ことにならないからである。だが、英国ではなく世界に関しては、世界の外に像を作ることなど、そもそもできないのだから、この無限進行は必然的なのだ。*

* ここで、こういう疑問が湧くかもしれない。世界の像を作ることがすなわち「私」だといっても、他人だって像を作るではないか、と。しかし、他人が世界の像を作るとしても、私は世界の像を作ることの像を作れないから、それを経験することはできない。(この点は、第三章の3で論じる。)

私に於いて私を知る

さて、しかし、比喩を離れて端的にいえば、自覚とは「私が私に於《お》いて私を知ること」である。この場合、ただ「私が私を知る」だけでは、何が足りないのだろうか。「私に於いて」は何を付加しているのだろうか。

ところで、私は千葉大学の教員である。そして、私はそのことを知っている。しかし、それだけではまだ、自覚というには足りない。私以外の人も、私（＝永井）が千葉大学の教員であることを知っている。しかし私は、彼らがそれを知っているような仕方で（だけ）、それを知っているのではない。彼らが持っている知識と同じ知識を、私もまた持っているのではない。私も同じ知識を持っているのだが、それだけでは足りないのだ。永井均が千葉大学の教員であることを、たまたまその永井である視点から知っているだけでは、足りないのだ。何が足りないのだろうか。

その全体が私という場所で起こっていること、そして、その場所でしか起こりえないこと——この知識である。永井均という人が千葉大学の教員であることが、私という(私である)場所に於いて成立していて、しかもその永井という人が、それが起こっている場所そのものである私と同一の者でもあるということ——この知識である。私は、私自身について自覚するとき、私を主語かつ目的語として知るだけではなく、そのうえ私に於いても、知るのでなければならない。*

* その方面に知識あるいは興味をお持ちの方のためにひとこと付け加えておけば、この区別は現代の分析哲学における de re 知識と de se 知識の区別に対応している。de re は「対象について」、de se は「自己について」を意味する。私は永井均(対象)が千葉大学教員だと知っていても、私(自己)がそれだと知らないことはありうる。これは、de re 知識は持っていても de se 知識は持っていないケースである。もちろん、その逆の場合もありうる。しかし、どうしてそもそもこんな区別があるのだろうか。その理由は、実は、西田哲学のような捉え方によってしか説明できない。しかし、問題は単純ではない。というのは、この区別は私以

外の人にも同様に成り立つからだ。同僚のD氏も、Dが千葉大学教員だと知っていても、自分がそれだとは知らないことがありうる。de se と de re の区別では説明できないのは、私とD氏（＝私でない人）という原初のこの差異である。そして、（私の解釈する）西田哲学は、de se と de re の区別も実はまた原初のこの差異に基づいていることを説明できる力を具《そな》えている。（この点も、第三章の3で論じる。）

私は自分が千葉大学教員であることを知っているとき、私は、私＝世界という場所に於いて、私である人間を含む世界全体の像を作っている。ここで自覚を可能にしているのは、私を超越し、私を包むもの（＝場所）がまた私自身であるという構造である。そのことによって、自己が自己に於いて自己を見るということが可能になる。これを場所の側から言い換えれば、場所とそこに於いてあるものとが一つである、といえるだろう。場所が自分自身の内部で自分自身を限定するからである。この場所の自己限定こそが、「われ思う、ゆえに、われあり」の実態なのではないか、西田がそう語れる理由なのではないか、という予想がまずは成り立つだろう。

ところで、このことと先ほどの地図（像）の比喩との関係はどうなっているのだろうか。一見、あの比喩における「英国」が、場所にあたるように見える。だが、もし以上の説明が正しければ、むしろ地図製作それ自体が場所にあたることになるだろう。そうすると、私は千葉大学教員であるという知識は、世界の中に存在するある一つの世界地図（像）という物を描き込んだ世界地図（像）であると同時に、地図製作という唯一の場所それ自体についての地図（像）でもある、ということになるだろう。*

＊　ここで、最初の「ある一つの世界地図（像）」は、もちろん永井という人間を意味する。像もまた物なので、大きさとか色のような、像であるというその本質とは無関係な有体的側面を持っているわけである。それが永井という人間についての事実をあらわし、そのこともまた、その次からの地図（像）には描かれると

いうことになる。もちろん、これは比喩をあえて額面どおり受け取った場合の話なので、あまり重視されても困るが。

3　場所としての私

「私」は主格ではありえない！

「場所」と題された論文に、次のような有名な箇所がある。

> すべての経験的知識には「私に意識せられる」ということが伴わねばならぬ、自覚が経験的判断の述語面になるのである。普通には我という如きものも物と同じく、種々なる性質を有《も》つ主語的統一と考えるが、我とは主語的統

一ではなくして、述語的統一でなければならぬ、一つの点ではなく一つの円でなければならぬ、物ではなく場所でなければならぬ。

（『論集Ⅰ』一四一ページ）

最初の文は、カントの『純粋理性批判』の「『私は思う』は、私のすべての表象に伴いうるのでなければならない」（B一三二）の言い換えである。カントは、直観に与えられたバラバラな表象が「私は〜と思う」という超越論的統覚のはたらきによって秩序づけられると考えた。西田の言い換えには、二つの重要なポイントがある。第一は、カントの「私は」という主格に対して、「私に」という与格が対置されている点である。第二は、カントの「伴いうるのでなければ……」という権利問題の提示に対して、「伴わねば……」という事実問題が対置されている点である。

一般的通念に反して、「私」は、本来、主格であることができない。「私」とは、事物や出来事が「於いてある」場所だからだ。私が主格になりうるのは、場所である私がおのれにおいておのれ自身を限定し、場所の内部に（物と同じく種々の性質を持ちうるような）「私」を立てたその結果にすぎない。このように主格的主体として立てられた「私」は、そう立てられた以上、すでにして対格（目的格）の客体でもある。ところで、「自我」とは、ラテン語なら ego、ドイツ語なら das Ich、というように、主格になった後の「私」にほかならない。だから、「自我」は、すでにして本来の「私」ではないのだ。

私は存在しないことによって存在する

言うまでもないことだが、確認のために繰り返すなら、「私に意識せられる」ということが「伴わねばならぬ」と言っても、「意識される」ことを離れて「私」が存在していて、それが「意識する」わけではない。「意識される」ということが、すなわち「私」ということなのである。それを離れた「私」などないのだから、あらゆる表象には「私に意識されている」ということが現実にともなっている。逆に、カントがこの事態を権利問題として、すなわち「私が意識できる」というように捉えざるをえなかったのは、「私」を経験そのものと独立の主格的主体として捉えていたからであろう。

「主語的統一ではなくして、述語的統一でなければならぬ」というのも、これと別のことではない。雷鳴が響き渡っているという事態があって、あえて言うならそのことが私なのであるから、「私は雷鳴を聞いている」というような主語的統一に先立って、まずは述語的統一がなければならないことになる。それは、「雷鳴が響き渡っている——取り立てて言うなら私に於いて」というようなことであろう。この「取り立てて言う」ことがすなわち（場所の）「自覚」で、世界の像の製作でもあるのだが、それが「取り立てて言う」ことであることからもわかるように、もし取り立てて言わなければ、私など存在しない（無である）。これを西田風の捉え方で表現すれば、私は存在しないことによって存在する、というようなことになるだろう。

表現の仕方はともかく、この学説には疑う余地のないある真実が秘められている。第一章でもちょっと言ったことだが、重要な点なので、もう一度、繰り返しておこう。もし私が単に一個の存在するものであったなら、私は他の存在するものたちから私自身を識別し、私自身をピックアップするための選別基準として、一般に物や人が持つ「種々なる性質」を用いざるをえないだろう。そうした諸性質のうちどれを持つのが自分であるかを知っていて、それによって自分を識別しなければならないのだ。いや、そんなものを使わなくても直接的自己意識（de se知識）によって直《じか》に識別できるのだ、と考えられるかもしれないが、直接的自己意識（de se知識）はあらゆる自己意識的存在者が持つのだから、そのうちどれが私の直接的自己意識であるかがわかるためには、ついには存在するもの（有）の間で成り立っている識別基準ではないものを頼りにしなければならない地点に達する。それが、つまり、無の場所である。

達する、と言っても、実のところは、それこそがそもそもの出発点で、西田が初期には「純粋経験」と呼び、その後は「場所」と呼ぶものは――私の理解では――まさにそれなのである。「無」という西田の用語法が正鵠《せいこく》を射ているかどうかは別にして、彼が何とか迫ろうとしていた問題が現に存在していることは疑えないと私は思う。

私が存在すると同時に存在しない（無である）のでもなければならないということは、だから私の理解では、何か悟りのごとき特別の境地を意味しているのではなく、単純にして卑近な（しかしあまり卑近すぎてめったに注目されない）事実を指している。したがって、「我は我ならずして我」というような表現も正確だといわなければならないが、その種の表現にしても、第一章で説明したようなデカルト的二重性の水準に立って解釈されてしまえば、西田が迫ろうとしていた問題はもう飛び越されてしまう。そのような解釈水準で理解されてしまえば、提起されたはずの問題そのものはすでに解決ずみとされたうえで、何か特殊な境地のごときものが語られているかのように理解されてしまうのもやむをえない（この点は第三章で論じる田辺元《たなべはじめ》の西田批判と深く関係している）。

4　場所的論理──西田論理学の展開

「がある」と「である」

「私は私ではない（＝場所である）ことによって私でありうる」というこの洞察は、主語─述語の判断論に適用されると、「私は主語ではない（＝述語である）ことによって主語でありうる」という洞察に変形される。この路線を突き進んだのが西田の判断論、場所の論理学である。

「SはPである」という判断において、主語はより特殊的なもの、述語はより一般的なものを指しており、主語のより特殊的なものが述語のより一般的なものに包摂されることによって判断が成立する、と西田は考えている。「日本人は人間である」なら、より特殊的な「日本人」がより一般的な「人間」に包摂されているし、「人間は動物である」なら、より特殊的な「人間」がより一般的な「動物」に包摂されている、というわけである。

西田は、be動詞の二つの意味である「がある」と「である」を区別しない。「日本人は人間である」なら、「人間という一般的な場所に、日本人という特殊的な種が存在する」というように、「人間は動物である」なら、「動物という一般的な場所に、人間という特殊的な種が存在する」というように、「である」判断を「がある」判断に同化させて理解している。逆に言えば、「人間は存在する」なら、「存在者一般という最も一般的な場所に、人間という特殊的なものが存在する」、すなわち「人間は存在者である」というように、「がある」判断を「である」判断に同化させて理解している。*

＊　本質と実存を峻別《しゅんべつ》する通常の考え方からすると、この方針は成り立たない。「人間は動物である」は、現代論理学風に表記するなら、∀x（Hx→Ax）（どんな

xを取っても、それが人間であるならば、それは動物である）とあらわせるが、「人間は存在する」を「人間は存在するものである」と読みかえて、この方式で∀x（Hx→Ex）（どんなxを取っても、それが人間であるならば、それは存在するものである）とあらわすことには無理がある。人間であって動物でないことはありえないが、架空の人間の場合のように、人間であって存在しないことは可能だからである。その架空の人間もまた、人間である以上動物である。「人間は動物である」を存在命題に読み替える方は、なおさら困難である。この難点を逃れるには、架空の人間もある意味では存在する、と主張するか、または、「人間は動物である」を「動物という類の中に人間という種が実際に存在している」という意味にとって、ゆえに人間は動物でないことが可能だ（なぜならそれは「動物という類の中に人間という種が実際に存在していない」という意味だから）と主張するほかはない。西田の主張は両義的だが後者に近いようにも思われる。この路線だと、おそらくは近い将来、人間は動物でなくなることになる！（実際に存在しなくなるから。）この事態と動物でない人造人間の出現とを区別する装置が、西田論理学の内にあるかどうかは疑問である。

真の個物とは何か——超越的主語面と超越的述語面

さて、人間は動物であるが、どういう動物であるかといえば、伝統的定義に従うなら、「理性的な動物」である。これは、類と種差による定義といわれるものである。種差とは、他の種との差異を示すその種に特有の性質のことで、この場合は「理性的」である。この場合の類はもちろん「動物」である。日本人は人間であるが、どういう人間であるかといえば、日本国籍をもつ人間である。この場合の種差は「日本国籍をもつ」であり、類は「人間」である。

その「日本人」にさらに次々と種差を加えて特殊化していくと、ついには、たとえば「この千葉大学教員」に行き着く。これは、アリストテレスのいわゆる「主語となって述語とはならないもの」、すなわち「個物」である。それは、「この」のような指示詞をともなって指されるか、または固有名で指されるだろう。

（「犯人はこの千葉大学教員である」や「著者は永井均である」は、同一性の判断がなされているのであって、「この千葉大学教員」や「永井均」は、「犯人」や「著者」に述語づけられているのではない。）

逆に、「動物」は「運動し感覚する生物」、「生物」は「……」、というぐあいに種差を逆方向に広げていくと、最後には、アリストテレスのいわゆる「存在者であるかぎりの存在者」、すなわち「存在者一般」に達する。

しかし、どちらの方向に関しても、西田はこれを究極のものとは見なさない。「この」のような指示詞によって指される場合、「この」の後に続くのはやはり何らかの一般概念である。「この向日葵《ひまわり》」、「あの青い文庫本」のように。また、固有名もまた何らかの一般概念を前提にしてしか機能しない。「永井均」は、千葉大学教員であることはやめられるが、人間であることはやめられない（椅子やパソコンにはなれない）。それは、人間という一般概念に依存して、その人間を指す言葉なのである。

それゆえ、西田によれば、これらはまだ真の個物ではない。なぜなら、それらはなお一般的なもの（「千葉大学教員」とか「向日葵」とか「文庫本」とか「青い」とか「人間」とか）に「於いてある」からである。つまり、一般的なものを次々と限定して特殊化していった極限として登場する個物は、それでもやはり一般的な何かの一例であって、何ものの一例でもない真の個物ではないのである。そこで西田は、このように一般概念を限定していくことで到達できる個物のさらにもう一つ先に、いかなる一般概念による規定をも超えた、真の個物を考え、これを「超越的主語面」と名づけた。

ところで、主語面での特殊化が進めば進むほど、限定を加える一般概念の数は増えていくことになる。それでも、通常の個物に関しては、いくつかの一般概念（つまり述語）を適当に組み合わせて特定の個物を確定的に指すことができる。これは「確定記述」と呼ばれる操作で、たとえば「西田幾多郎」という個物なら、「禅仏教に基づく場所的論理を展開した近代日本の代表的哲学者」というように、一般概念を組み合わせて確定的に指すことができる。（といっても、もちろん、「西田幾多郎」がそれだけの述語しか持たないというわけではない。だから、これだけの述語で指せているのは、たまたまこの記述を満たす競合する個物が実在しないという現実世界の偶然の事情に拠《よ》るのである。西田幾多郎という個物が、これだけの一般概念によって規定し尽されているわけではない。）すると、先ほどの超越的主語面とは、実は、その個物を規定するための一般概念（つまり述語）の数が無限大にまで増大して、あらゆる「一般的なるもの」を内包したものであると見ることができるだろう。

日本人、人間、動物、……、という系列が、ついに存在者一般にまで広がっていくという一般者の系列は、抽象的一般者における系列であったが、それとは別に、具体的一般者の系列というものが考えられる。先ほど指摘した「この」や「あの」といった指示詞の後に何らかの一般概念が続く表現によって指されるものがそれで、この方式で真の個物に至ろうとすれば、それを規定し限定する一般概念の数は次第に増えていって、ついには無限に至るだろう。そこに現れるのが、真の個物である。真の個物は、有限の一般概念（述語）をもってしては規定され尽されない。

そんなものがどこにあるのか、と問われたなら、それはここにある、としか答えようがない。たしかにある意味では、そんなものはどこにもない。どんな新奇なものでも、有限な一般概念によって規定し尽されるとも言えるからだ。しかし、別の意味では、どんなありふれたものでも、無限の一般概念をもってしても規定され尽されない。その意味で、どんなありふれたものも、真の個物である。どんなありふれたものも無限の細部を持ち、そのうえ、過去から現在にいたる現実世界のすべての事実がそのものの成立に貢献しているからである。

ここで、われわれは、もう一つの意味での「存在者であるかぎりの存在者」に、つまり全存在者に、成立している事実の全体に、達することになる。それは究極の「述語となって主語とはならないもの」であって、西田はこれを「超越的述語面」と呼んだ。超越的述語面は、一般者ではあるが、もはや抽象的一般者ではなく、具体的一般者である。

場所の自己限定のプロセス

そこまで達すると、超越的主語面と超越的述語面とは一致する。それは、何ものの一例でもない。ただ端的にそうあるだけである。この場面でもし言葉が使えるとすれば、それは「こうである」と言えるだけである。「どうである」かは言えない。あえて分節化するとしても、「これ（ら）は、このとおり、こうなっている」と言えるだけである。いったい「どれ（ら）」が「どのとおり」に「どうなっている」のか、と問われたなら、ただ「これ（ら）が、このとおり、こうなっているんだ」と答えられるだけである。それでも一応そうは言えるのは、超越的主語面が超越的述語面によって包摂され、そこに原初的な判断が成立しているからである。

いや、そもそも判断はそこから始まるのだ。それは場所の自己運動である。具体的一般者は、具体的であってもやはり一般者なので、自己自身を限定し、有限化していくための内部構造を内に宿している。具体的一般者は、それ自身の内部にいわば自らの判断化を推進していく（つまり主語―述語に分割し続けていく）

力と潜在的な内部構造を持っているのである。

その具体的なプロセスは、たぶん、なぜか似たものが寄り集まって、自ずからなる分類が生成し、さらに、あるものとそれのもつ性質（すなわち主語と述語）という組織化がなされていく、といったことであろう。この「これ」はあの「これ」と同じ種類の「これ」であり、今の「こう」は少し前のあの「こう」と同じ種類であった、等々。つまり、この純粋経験は、抽象的一般者を作り出す力を初めから内に持っている。抽象的一般者とは、実は、具体的一般者がこのようにして限定されたあり方なのである。*

* 主体を先立てた表現でこれを言い換えるなら、似て見えるものを集めて分類し、主・述関係への組織化をおこなっていく……といったことになるが、実はその「主体」の成立そのものがこのプロセスによって作られるのである。これは第三章のテーマである。

かくして、「これ（ら）は、このとおり、こうなっている」は、「この色は、このように、赤である」、「この感覚は、このように、痛みである」等々へと、自己を展開していくことになる（ただし、そこに「色」とか「赤」という記号があてがわれるのはまた別の過程である）。こうした判断においても、そこに働いているのは場所の自己限定の働きであるから、真の主語は「この色」や「この感覚」ではなく、色という場所、感覚という場所、とつづく場所の系列である。

この議論の肝《きも》は、色なら色の、実存と本質が、つまり生《なま》の質（クオリア）とそれをつかむ概念が、地続きである点にある。概念は外から質を規定するのではなく、無限個の概念を内に含んだ非概念的な質が、その内側からおのれを限定していくわけである。すなわち、「分節化されていない音声」が一つの言語表現になりうるのは、外部から「一定の言語ゲーム」があてがわれることによってではなく、分節化されていない音声を自ずと分節化させていく力と構造が、経験それ自体の内に宿っていることによってなのである。

5 絶対無

無の場所としての意識

その「具体的一般者」の実態は何か。西田は、七三―七四ページで引用した文章のすぐ前の段落で、「判断の立場から意識を定義するならば、何処までも述語となって主語とならないものということができる」（『論集I』一四〇ページ）と言っていた。つまり、述語となって主語とならないものは、「意識」、場所としての「意識」、場所の自覚としての「意識」である。つまり、場所が場所の内に自分自身を映すことそのものである。だから、世界の内部に意識という存在者が存在していて、それが世界を映すというのではない。そういう意味では、意識は存在しない（無である）。意識は、それを対象的に捉えようとすれば無であるから、いわば「無の場所」である。それについて何かを語る（つまり述語づける）ことはできない。もしできるとすれば、意識は意識される（意識の内部にある）一つの対象になってしまうからである。できることはただ、自らは無にして有を包むことだけである。西田の「意識」は、主客対立以前の段階で理解されているので、「物質」や「外界」と対立するような意味での意識ではないのだ。外界や物質もまた「意識」なのである。

しかし、それなら、なおのこと、どうしてそれは「意識」なのか。つまり、「意識」だと言えるのか。それは、何ものでもないものではないのか。西洋の哲学者に比べて、西田の言葉遣いには、甘いところがあるかもしれない。たとえばカントなら、自分が言おうとする中心的な点を語るのに、「統覚」というような自分独自の用語を崩さない。それに比べると西田は、あまり言葉を厳選せずに、そのとき思い描いている状況を表現するのにそのときふさわしいと感じた言葉をそのまま使って書いているように見える。西田も、カントのように自分独自の用語体系を崩さず、たとえば「場所」一点張りでいくべきだったのではあるまいか。いや、必ずしもそうとは言えない。「数理を考えるということは、数理自身の内面的発展と考えられねばならぬ」と言う西田が、哲理自身の内面的発展の化身となって考えたのだとすれば、つまり、場所それ自体が語った言葉が西田哲学なのだとすれば、彼のどのような言葉も、そのようなものとして読まなければならないであろうからだ。先ほど述べた「これ（ら）は、このとおり、こうなっている」ことからの発展の一段階として、「これ（ら）は、このとおり、意識である」と言わしめるものがあったのであろう。

私は先ほど、一般的通念に反して「私」は主格であることができない、と述べた。その理由は、「私」が事物や出来事が「於いてある」場所だからであった。これは、判断論の見地から言い換えるなら、私とは述語となって主語とはならないものだ、ということであり、さらに言い換えるなら、それに対してはさらに述語を付け加えることができない絶対無の場所であるということである。

述語となって主語とならないということは、言い換えれば、対象化されないということである。意識は対象化する場所であって、それ自体はどこまでも決して対象化されない。意識が主語として、主格的に捉えられた場合、意識はすでにして「意識された意識」にすぎず、「意識する意識」ではなくなっている。とはいえしかし、「意識する意識」という言い方をしても、これが意識の作用とか意識する働きという意味に理解されてしまえば、それもやはりまた、世界の内部にある（「意識」という名の）一存在者として理解されてしまうだろう。そうではないことをはっきりさせるために、そのようなあらゆる意識の働きがそこに於いて生起する場所として、この「意識」を捉え返さなければならない。

ところで、イギリス経験論の伝統では、意識の問題は心身問題として、「私」の問題は自己指示と人格同一性の問題として、それぞれすでに「心」や「人間」が対象化（あるいは実体化）された次元で（つまり対格として）取り扱われる傾向にある。現代の英米哲学でもそれは同じで、問題の問題性そのものが最初から取り逃がされて（あるいは少なくとも飛び越されて）いるといわざるをえない。対して、ドイツ観念論は意識を、それがすでに対象化され（実体化され）て「心」や「人間」になってしまった水準で（それの自己指示とかそれの同一性といった水準で）捉えるのではなく、それ以前の、対象化する（実体化する）現場で（つまり主格として）捉えようとした。これは、それ自体、画期的なことであって、現代哲学がその画期的な意義を見失っているように見えるのは驚くべきことである。西田は、もちろんドイツ観念論の伝統を受け継いではいるのだが、それをさらに純化して、対象化する意識そのものの主格性を否定して、それを与格化する（つまり意識を場所として捉える）というさらに画期的な一歩を踏み出したのである。*

＊　哲学が過去の哲学の画期的な意義を理解できなくなる理由は色々だが、近年になって付け加わった理由の一つに、哲学の民主化がある。すなわち、凡人たちの哲学的議論への積極的・主体的な参加である。ところが、実は、哲学は科学と違って非民主的な営みで、凡人は天才の並外れた技芸の前にただひれ伏すしかないという一面がある。ここで天才とは、並外れて頭がいいというようなことではなく、むしろ逆に、普通の人が即座に（あるいは最初から）分かってしまうことがなぜかどうしても分からず、しかも信じがたいほどあきらめが悪く、執拗《しつよう》にそ

の理路を問い続ける一種の化け物のことである。だから凡人とはこの場合、ときには並外れて頭がよく、普通の人がなかなか分からないようなことでも即座に理解してしまうような才人のことである。こう規定するなら、西田幾多郎が大天才(超弩級《どきゅう》の哲学的な化け物)であったことは疑う余地がない。

自覚において有は無化され、言語において無は有化される

しかし、意識は、「意識」と言われてしまう以上、究極的な無の場所であるとはやはりいえない。意識は、それに対してさらに述語づけることができない最後の、究極の述語であるとしても、やはり世界の中にある「意識」という種類のものであると言われて(述語づけられて)いるからである。そういう意味では、意識もまた究極的な無の場所ではなく、「相対無の場所」であると言わねばならない。もちろん、すべてのものは、何かがそれに於いてある場所であっても、さらに、それが於いてある場所を想定できるので、(「相対有の場所」であると同時

に）「相対無の場所」である。すべてのものが於いてある場所である意識にも、さらに、それが於いてある場所が考えられるので、意識もやはり相対無の場所なのである。無にしてすべての有を包んでいる場所であるはずの意識が、さらに包まれてある場所があるだろうか。もしあるとすれば、それは「絶対無の場所」であるだろう。

とはいっても、「絶対無の場所」などというものが、どこかにあるわけではない。もしそんなものがあったら、それは有（存在者）なのだから、再び相対無にすぎないことになる。絶対無の場所とは、無の場所が（例えば「意識」と名づけられて）相対化されたとき、相対化されてはならない（相対化されたらその意味を失ってしまう）ものを指す名前なのである。だから、絶対無を一つの存在者（有るもの）として捉えることは絶対にできない。ただそれは、たとえば「私はなぜ存在するのか」あるいは「世界はなぜ存在するのか」といった問いに対する、究極の答えではあるだろう。つまり、答えはない、ありえない、という答えである。なぜなら、絶対無は類ではないので、絶対無の場所には種差がはたらく基盤がないからである。

意識は、当然のことながら、意識される限りでのすべてがそこで意識される場所である。そして、いかなる意味でも、どんな連関でも、意識されない（意識される事柄とつながっていない）ようなことは「無い」のと同じだとはいえる。だが、意識されるというその場所そのものはやはり有る。とすれば、その「有る」は、何との対比で「有る」とされるのか。つまり、それはいったい何に於いてあるのか。対比されるべきものも、於いてあるものも、じつは、無い。それは、いきなり、無根拠、無理由に、ただあるだけだ。それはもはや、何に於いてあるのでもない。つまり、絶対の無に於いてあるのだ。でも、いったい何が？　何があるのだ？

私は先ほど、「私」は述語となって主語とはならないものであり、それに対してはさらに述語を付け加えることができない絶対無の場所であると言った。それでもそれが（ともあれ例えば）「私」などと言われるのは、超越的主語面が超越的述語面によって包摂され、そこに原初的な判断が成立しているからであった。

だからそれは、唯一の真の個物であるのだが、ただ無のうちで自己自身を限定するだけで、いかなる相対無にも包摂されることがないので、本当のところは何であるとも言えない。それでも、それは、無いのではなく、ある。デカルトが「私はある」と言うとき言いたかったのも、西田的な側面だけをクローズアップすれば、その「ある」でなければならない。何であるとも言えない、唯一の真の個物は、絶対無の場所に於いて、ただあるのだ。

このようにして、自覚において有は無化されていくが、しかし、言語においては無は有化されていく。つまり、名づけられていなかった単なる場所としての意識は「意識」と名づけられ、さらにまた、「端的に無い」ことでさえもが「絶対無」といった語によって述語づけられていく。*

＊　この事態を、ハイデガーやデリダの抹消記号を使って「無」と表記したらどうだろう。思い出ばなしをさせていただきたい。そのむかし私は、本来は世界そのもの（西田的にいえば絶対無の場所）なのだが言語においては実体化されて個

物的な指示対象を持ってしまう「私」を、そのことを表示するために「私」と表記しようとした。この表記法はさる学術雑誌の印刷所に拒否されたので、やむなく「×」を解体し「〈　〉」と表記することにした。つまり、私ではなく〈私〉である。この変形抹消記号を使うと、西田の用語の多くはこの記法が適用できることがわかる。たとえば〈絶対無〉。西田的矛盾語法の根幹にあるのは、ここで述べた種類の問題であるからだ。

第三章　私と汝——私は殺されることによって生まれる

1 思想の体系化

一九一一年（明治四四年）の『善の研究』、一九一七年（大正六年）の『自覚における直観と反省』に続いて、一九二七年（昭和二年）に、西田は『働くものから見るものへ』を出版し、「場所」の哲学を確立する。前章で主として引用した「場所」という論文は一九二六年に発表され、翌年の『働くものから見るものへ』の中に収められたものである。そして、『働くものから見るものへ』こそが、その一九二六年に出た左右田喜一郎《そうだきいちろう》の批判論文「西田哲学の方法に就《つい》て――西田博士の教を乞う」によってはじめてそう名指された「西田哲学」の、真の開始を告げる著作である。

その翌年、西田は京都帝国大学を退官し、その二年後の一九三〇年（昭和五年）に『一般者の自覚的体系』を出版する。これは、西田が初めて書いた整理する著作で、用語の使い方に注意がはらわれ、すでに考えられた思想の体系化が試みられている。その大体の見取り図を示すなら、次のようなことになるだろう（これは見取り図にすぎないので、大体の図柄がつかめれば理解をする必要はない）。

判断において、特殊なものを包摂する一般的なものは抽象的一般者であるが、（特殊者だけでなく）その抽象的一般者をも包摂するのが具体的一般者であって、西田はこれを新たに「判断的一般者」と名づけた。しかし、その判断的一般者をさらに包む自覚の働きによって「自覚的一般者」が成立する。「自覚的一般者」の見地において具体的なものは意識であって、「判断的一般者」の見地において最も具体的なものとして現れる通常の物的個物は、「自覚的一般者」の見地からすると、逆に最も抽象的なものとなる。しかし、その「自覚的一般者」をさらに包む「叡知《えいち》的一般者」の審級があって、そこに対象化不可能な「叡知的自己」が位置づけられる。この審級において、芸術、道徳、宗教が順番に登場し、最後に宗教を通して、「叡知的一般者」の審級をも超えた「絶対無の場所」が示されて終わる、という具合である。

『一般者の自覚的体系』はよく整理され、注意深く書かれているが、なぜか生き生きした魅力に乏しい。しかし、哲学においては、最も注意深くきちんと書かれた著作が最もつまらないということは、不思議なことに、比較的よくあることである。

しかし、もっと不思議なことに、一九三二年（昭和七年）に出版された『無の自覚的限定』において、六三歳の西田の思索力は復活する。私は、西田の代表作は『働くものから見るものへ』とこの『無の自覚的限定』であろうと思う。第三章の後半では、その『無の自覚的限定』に収められた「私と汝《なんじ》」という論文を検討することになる。

西田哲学は、翌三三年の『哲学の根本問題』において大きな転回を遂げて、そこから後期西田哲学がはじまるが、本書ではその後の展開については触れない。

2　田辺元の西田批判

種の論理と場所の論理

『一般者の自覚的体系』が一月に出版された一九三〇年（昭和五年）の五月、田辺元の西田批判「西田先生の教を仰ぐ」が発表された。田辺元は、西田を中心として形成されたいわゆる京都学派の若手の中心人物であった。*

＊　戦前の京都学派は、京都帝国大学文学部の哲学哲学史講座教授の西田、同講座助教授の田辺のほか、和辻哲郎《わつじてつろう》、九鬼周造《くきしゅうぞう》、波多野精一《はたのせいいち》らがおり、そこから三《み》木《き》清《きよし》、西谷啓治《にしたにけいじ》、戸坂潤《とさかじゅん》、下村寅太郎《しもむらとらたろう》ら、繋《つな》がりを持ちながらもそれぞれ傾向の

異なる哲学者が輩出した。それはおそらく、日本において兎《と》にも角《かく》にも単なる輸入知識の咀嚼《そしやく》と紹介ではない内発的な哲学がなされた唯一の時期であった。戦後六十年を閲《けみ》して、これに匹敵する哲学的エネルギーはついに一度も生まれなかった。現在の日本の哲学には、追いかけと咀嚼と紹介以外には何もない。ほんの十年前、二十年前に盛んに論じられた問題でさえ、時熟を待たずに流行おくれになって忘れられ、次々と新しい動向が紹介されていくだけである。

ウィトゲンシュタインを確信犯と評した意味では、田辺元もじつは確信犯である。田辺は、概念による媒介を経ない直接的なものの存在をいっさい認めない。それは、ウィトゲンシュタインでいえば、あの「E」が意味のある記号であることはありえないということにあたる。概念によって媒介されない直接的なもの、生《なま》の事実は、それ自体で直接的には存在することはできず、ただ媒介の否定を通じて、間接的に存在を認められる。たとえば「言語では表現できないこと」は、そう言語で表現できることによって、ただそのことによってのみ、意味を持つことができる、というわけである。

ヘーゲルの論理学は、個—種—類という組が繰り返し適用されることによって展開していく。ここで田辺が重視する媒介的な位置を占めるのは、もちろん真中の「種」である。だから、西田哲学が場所の論理であるのに対して、田辺哲学は種の論理であるといわれる。田辺によれば、個や類を直接的に捉《とら》えることはできない。個は種を前提にして（何らかの種の一例として）しか捉えられないし、類はその類をそれ以外のものから区別する場所が想定できない限り、把握のしようがない。したがって、田辺哲学においては、種の水準においてしか有意味な判断を構成することができない、ということになる。

「これはこれである」という個の「これ性」の水準だけでは、判断になんの内容もない。が、しかし、逆の極端である「これは物である」という水準にも、やはり内容がない。それが「何であるか」（何性＝本質）は、これではわからないからである。「西田幾多郎は西田幾多郎である」と言っても、何も言ったことにならないが、かといって、「西田幾多郎は人間である」と言ってみても、何か付け加えたことにはならない。これだけでは、彼がどのような種類の人間で、どのような人間性を持って生きているかはわからないからだ。(「あれはきわめて物らしい物だな」といわれても、どんな物だかさっぱりわからないのと同様、「あの人はすごく人間的な(人間っぽい)人だよ」と言われても、どういう人なのか、ちっともわからないだろう。)

これだけの紹介でも、田辺哲学が西田哲学に対するある種のリアクションによって成り立っていることは明白だろう。しかし、田辺の場合、この抽象的な論理思想が直接的に社会思想的含意を持つことになる。すなわち、個は個人を意味し、類は人類を意味するのに対して、種は国家あるいは民族を意味する。「西田幾多郎は西田幾多郎である」や「西田幾多郎は人間である」ではなく「西田幾多郎は日本人である」という判断こそが、「西田幾多郎」をはじめて有意味に本質的に規定し、西田自身にとってもそれだけが有意味な「自覚」たりうるというわけである。田辺によれば、個が類としての人類に貢献できるのは、ただ種である国への献身を媒介にしてのみであり、個は種を否定的な媒介にしてのみ、その特殊性を普遍性へと開くことができるのである。

田辺に反して、種が国家や民族でなければならない理由はない。「西田幾多郎」の例でいえば、「西田幾多郎は日本人である」ではなく、「西田幾多郎は哲学者である」でも、じゅうぶん媒介的役割を果たしうるだろう。しかし、そう考えれば、田辺のこの認識自体には確かに聞くべきところがあることがわかる。人がどのような種に属しているかということが、その人の何たるかを定め、そして、それへの献身を通じて、人は類への貢献もできるというわけである。ここからわかることは、田辺哲学が西田哲学よりも通俗的な意味で倫理的であることである。

「西田先生の教を仰ぐ」

田辺の批判論文「西田先生の教を仰ぐ」のポイントは、次の引用文に要約されている。

西田先生が自覚を以《もっ》て意識の本質とせられ、而《しこ》うして自覚とは自己が自己のうちに自己を限定することであるが、斯《か》かる自覚の真義は自己を無にして自己を観《み》るに至って完成すると考え、自己を失うことが却《かえっ》て真に自己を得る所以《ゆえん》であり、無にして観る自己の本然に還ることが自己を愛する所以にして、自愛すなわち自己の存在なることを説かれた深き教説は、先生の独自なる体験を披瀝《ひれき》せられたものとして、私はただその比類稀《まれ》なる高遠深邃《しんすい》の思想を仰ぐばかりである。併《しか》しながら哲学は果して斯かる宗教的自覚を体系化することが出来るものであろうか。(『KAWADE道の手帖 西田幾多郎』河出書房新社、一四八―一四九ページ。この論文の引用は、現在最も入手しやすいこの本からおこなうことにする。)

田辺は、西田の哲学を彼の「独自なる体験」から得られた「宗教的自覚」の体系化であると見なしている。西田の間近にいてその著作を熟読していたであろう田辺の解釈に反して、私にはどうしてもそうは思えない。逆にいえば、ここで「独自なる体験」から得られた「宗教的自覚」だとされているものが、「独自なる体験」を欠き「宗教的自覚」を持たない者にとっては無縁な世界だとは思えない。いや、それはむしろ実は誰でも知っているはずの、あまりにも卑近なことを語っている、としか思えないのだ。自覚の真義が自己を無にして自己を観るに至って完成すること、あるいは、自己を失うことによってのみ真に自己を得られること、これらは「比類稀なる高遠深邃の思想」というよりはむしろ、概念的探求の鋤《すき》が打ち込めないほど、あまりにも単純で卑近な事実を指し示そうとしているように思う。なぜなら、自己がもし単なる有（存在者）であったら、どうして自己を自己として捉えることができようか。それは種々なる性質を持つ一つの物（ただの一人の人間）になってしまうではないか。

「私は何か？」という問いに対する田辺の答えは、「それは私が実際に何であるかによる」というものになるだろう。田辺の答えがそうであることは、それでかまわない。だが、そういう観点から西田の哲学を批判できると思うなら、それは西田哲学の肝をまったく理解していない批判だと言わざるをえない。*

＊　とはいえ、これは田辺が大天才（超弩級《どきゅう》の哲学的な化け物）ではないという だけのことであって、彼の見解はあくまでも通常の知性にふさわしくきちんと整備された立派なものではある。たとえば、「これは何か？」という問いに対する田辺の答えは、「それはそれが実際に何であるかによる」というものになるだろうが、この答えに反対する――「これはまさにこれでしかないので、どんなに種による限定を重ねても到達不可能だ」と言い張る――ことは、本文で述べたような議論を経た後でなければ、常識的にはただ馬鹿げているだけだろう。

西田と田辺の対立の意味

西田の「場所」という考え方に対する田辺の批判は以下のようなものである。

――場所は、自発的に自己を限定するのではなく、われわれが限定することによってはじめて場所として現れる。たしかに、われわれにとって先のものが本質上は後であり、われわれに対して後なるものが本質上は先であるという意味では、場所は限定によって場所として現れながらも本質上は限定に先立つ、ということはありうる。しかし、そのとき限定に先立つといわれるのは単に場所の実存（それが「ある」ということ）であって、場所の本質（それが「何である」か）ではない。本質（何であるか）に関しては、場所は限定によってはじめて場所になる。しかし、場所が場所自身を限定する自覚の哲学が問題にしているのは、単に場所があること（場所の実存）ではなく、その場所がどのような場所であるか（場所の本質）であるはずだ。そのようなものを、限定に先立って想定することはできない。これに対して、西田哲学の場所は有の場所ではなく無の場所なので、実存の外に本質はなく、実存それ自体がそのまま本質なのだ、といわれるかもしれない。宗教的自覚においてはそのような最後の一般者が現前するかもしれない。そういう場合には、

柳緑花紅《りゅうりょくかこう》の特殊なるノエマに即して絶対無の我が躍動し、これが特殊のノ

エマを包みて一切を我に化するのであろう。（前掲書一四九ページ）

しかし、このとき体験される最後の一般者は禅の悟りのような場合にだけ体験されるまったく特殊なものであって、哲学的議論が要求するようなものではない。

以上が、西田の場所の哲学に対する田辺の批判である。引用文中の「柳緑花紅」とは、柳は緑で花は紅《くれない》であるように、物が自然のままであることを意味し、「ノエマ」とは意識の対象を意味する。したがって、「柳緑花紅の特殊なるノエマ」とは、一切の人工的な加工が取り払われて、ただ与えられたあるがままの経験そのもの、を意味する。同じことは、別の箇所では「全く自己が無くなるが故に一切の有が自己なる如き境地」（前掲書一五一ページ）とも言い換えられている。

ここで、西田哲学は、本書の第二章（七八ページ）で使った表現で言うなら、提起されたはずの問題そのものはすでに解決ずみとされたうえで、何か特殊な境地のようなものが語られているかのように理解されてしまっている。

だが、そうではない。宗教的な「境地」などとは何の関係もない、「私は日本人である」「私は哲学者である」といった単純な「自覚」が成り立つためにも、すでに前提されなければならないこと――すなわち、私は主体ではなく場所であり、しかも絶対無の場所であること――こそが西田の問題なのである。それは少しも比類稀なる高遠深邃の思想ではない。

だから、西田と田辺がきれいに対立していると思うなら、それは誤認である。そうではなく、西田の側は田辺の言わんとすることがよく分かる――はじめから分かっている――のに対して、田辺の側は西田の言わんとすることがそもそも分かっていない。これは、田辺が間違っているということではない。田辺は正しいのだ。それどころか、西田の言わんとするところを（言わずに）実行しているのは田辺の方だとさえいえる。だが、そうであることを、田辺はおそらく知らない。（いや、ひょっとすると、知っていたのかもしれない。もしそうだとすれば、悟りの境地にあったのはむしろ田辺のほうである。しかし、たとえそうだとしても、この議論の土俵はどこまでも西田の側にある。）

おそらく、西田は田辺の論文を読んで、落胆したであろう。こいつは本当は何も分かっていない！　そして同時に、困ったな、と思ったであろう。田辺の側は、西田先生が自分の批判に答えてくれないことを不思議に思ったであろう。西田が困った理由は、この論文に答えることは不可能だからである。答えたとしても、字面《じづら》の意味をすべて田辺的に解釈されてしまえば、結局同じことである。同じ言葉を使って議論をしても、西田はつねにそのとき通じているその言語の成立の手前で考えているのに対し、田辺はすでに立派に通用している言語の上に立って、そこからあらゆるものごとを考えている――そしてその「あらゆるものごと」のなかにはこ、の、こ、と、も含まれる――からだ＊。

＊ここでも田辺の見解は通常の知性にふさわしいものである。彼は、西田の「無の場所」はどこまでも無規定で、それが「何であるか」はついには語りえないはずだと言う。もちろん、西田の側からすれば、これは話が逆である（すべてはその「無の場所」から始まるのだから）。問題は、西田のそのような哲学を西田現象学と呼ぶとすれば、西田現象学は西田論理学によって捉えられているか、とい

う点に関係している。たとえば、超越的述語面に向かうあのような論理学的議論は無の場所に向かう現象学的議論と本当に相即的だろうか。私は、実はそうではないと思う。以下の議論は、そのことに関係している。

3　存在する私への死

私と汝は絶対に他なるものである

田辺の論文は二つの点で西田に影響を与えたと見ることができる。一つは、西田の「場所の哲学」が「一切に対する諦観《ていかん》」を帰結するという批判である。私自身は、それの何がいけないのかわからないが、西田はそうは考えなかった（もともとそうは考えていなかった）。『働くものから見るものへ』を書いた西田だが、後期の西田は、場所の哲学を、「働く」と「見る」の区別がない、それらが一体である方向へ発展させた。後期の「行為的直観」をめぐる議論は、『善の研究』の「知即行」以来の西田哲学の本来の姿に戻ったともいえ、興味深いものではあるが、その辺りの事情については、残念ながら、本書で論じることはできない。

もう一つは、「場所は自発的に自己を限定するものではない」という批判である。西田哲学においては、個物は無である場所の自己限定によって成立することになっている。しかし、どうしてそんなことがありえようか。無である場所が、どうして自ら自己限定などをすることができようか。田辺にはそれが理解できなかった。われわれは第二章でこの問いにある程度は答えたつもりではあるが、あれではまだ不十分なのだ。

西田は、「私と汝」という論文で、少なくとも個人（あるいは「人物」とか「人格」とか訳される英語でいうperson）の成立に関する限り、この問いに正面から答えたとみなすことができる。そして、そのことを通じてしか、個物——客観的個物——の成立について語ることはできないのである。

西田の答えは、ある意味（いわば田辺的意味）では、場所は自発的に自己を限定するわけではないということであり、別の意味（いわば西田的意味）では、だからこそやはり、場所は自発的に自己を限定するということであった。決定的なのは、他者（汝）の存在である。

西田は「私と汝」の冒頭で、本書第一章（二一ページ）で引用した『善の研究』の見解を端的に否定している。

私は現在私が何を考え、何を思うかを知るのみならず、昨日何を考え、何を思うたかをも直《す》ぐに想起することができる。昨日の我と今日の我とは直接に結合すると考えられるのである。これに反し、私は他人が何を考え、何を思うかを知ることはできない。他人と私とは言語とか文字とかいう如きいわゆる表現を通じて相理解するのである。*（『論集I』二六五ページ）

＊　この論点は、論文の後の方ではさらに一歩進められている。「今日の私は昨日

の私を汝と見ることによって、昨日の私は今日の私を汝と見ることによって、私の個人的自己の自覚というものが成立するのである、非連続の連続としての我々の個人的自覚というものが成立するのである」（『論集I』三四三ページ）。西田は、私と他者の関係を現在と過去の関係とのアナロジーで理解するのを捨てた後、今度は逆に、現在と過去の関係を私と他者の関係とのアナロジーで理解する方向に転じている。私の用語を使わせてもらうなら、これは世界を「開闢的《かいびやく》」に捉える方向である。

最後の文は「音とか形とかいう物体現象を手段として相理解する」とも言いかえられている。この場合の「音とか形」は、もちろん記号であり、主語や述語さらにその関係（「主―述」関係）そのものを表示する音や形である。「雷鳴が聞こえる」や「海が見える」、もちろん「私は日本人である」も、その「音とか形」によって何かが表示されている記号表現である。

しかし、どうして、それらを通じて、「直接に結合」していない私と他人が

「相理解する」ことができるのだろうか。私は、西田がこの問いに答えることに成功したとは思わない（成功した人は今のところ誰もいないが）が、問いの意味を深めることには成功したと思う（それによってこの問いはますます答えがたい問いになったが、哲学では問いに答えるより問いの意味を深めることのほうがはるかに重要である）。

しかし、「私と汝」は——ほかのどの論文もそうだが——繰り返し出てくる「主張」の字面はすぐにつかめるが、その相互の繋がりを、つまり「論旨」をつかむのは、それほど容易ではない。私の観点から、それをまずは大ざっぱに捉えてみれば以下のようなことだろう。

——汝以外のあらゆるものは、人間を含めて、すべて「私に於《お》いてある」と考えることができるが、汝だけは、「私に於いてある」と考えることができない、「私に於いて無い」ものである。私と汝を包摂する一般者も存在しない。しかし、それにもかかわらず、その私を限定するものは汝だけであり、私はただ汝を認めることによってのみ私たりうる。ただし、私が「汝を認める」のはあくまでも

「私自身の底に」であって、そこに「非連続の連続」というものが考えられ、私と汝をともに限定する同一の原理――具体的には言語――が存在しうることになる。これをまとめれば、「私と汝とは絶対に他なるものである。私と汝とを包摂する何らの一般者もない。しかし私は汝を認めることによって私であり、汝は私を認めることによって汝である。私の底に汝があり、汝の底に私がある、私は私の底を通じて汝へ、汝は汝の底を通じて私へ結合するのである、絶対に他なるが故に内的に結合するのである。」（『論集I』三〇七ページ）

汝は神のごとく私の底から働く

このような筋を念頭に置きつつ、以下の引用文を考えてみよう。

個物が個物自身の底に絶対の他を見るということは、自己自身の底に絶対に自己自身を否定するものに撞着《どうちゃく》するという意味を有《も》っていなければならない。

かかる意味において絶対の他と考えられるものは、私を殺すという意味を有っているとともに、我々の自己は自己自身の底にかかる絶対の他を見ることによって自己であるという意味において、それは私を生むものでなければならない。

（『論集Ⅰ』三二八ページ）

引用文の二行目の「撞着する」は、現在では「矛盾する」のような意味でしか使われないが、それは「自家撞着」から来ているので、元来の意味は「突き当たる」というような意味であったようだ。また、最初の文で「個物」と言われているのは、次の文で「私」と言い換えられているように、少なくとも理解の最初の段階では「私」として解釈されなければならない。そうすると、この引用文はこう言っていることになる。私が汝と出会うということは、私が私自身の底において私自身を絶対的に否定する（私を殺す）ものに突き当たることであり、まさにそのことによって、私は生まれる、と。

私が死することによって生まれるということ自体は、「私は私でないことによって私である」ということの裏の表現と取れば、これまでの論述から理解されるだろう。しかし、ここでは私は、一人で勝手に死ぬのではなく、汝によって殺され、そのことによって生まれるとされている。しかし、私は、なぜそもそも汝に殺されるのだろうか？　そして、もちろん、なぜそのことで生まれるのだろうか？

私が汝に殺されるのは、汝が私に於いて無く、逆に、私が汝に於いて有るからである。ここで「汝が私に於いて無い」の意味を、汝が私の理解を超えているというような意味に取るべきではない。また「私が汝に於いて有る」の意味を、私の意図が汝によって別様に理解されるというような意味に取るべきではない。これは、そういう浅層のことがら――すでに私や汝が成立した後の――ではなく、もっと深層の、そのことによって個人としての私と汝がはじめて成立する水準の話なのだ。汝と出会う以前には、私はただの場所であるから、まだ何ものでもなく、何ものにもなりうるのである。

……我々が自己において絶対の他を見、逆に絶対の他において自己を見ると考えられることによって、我々の真の人格的自己というものが考えられるのである。単に他において自己を見ると考えるならば、我と物と択《えら》ぶ所はない。神は何処《どこ》までも我々の底から働くものでなければならない。外から働くものは盲目的力に過ぎない。我々は我々の底に超越を見るのである。それは矛盾であるかも知れない。しかし真に人格的自己と考えられるかかる弁証法的運動としてあるのである。

（『論集Ⅰ』三五三ページ）

私は無の場所であるから、すべての存在者（有る物）はその無に於いてある。だが、汝は存在者（有る物）ではないので、その無に於いては無い。それゆえ、私は汝と直接に出会うことはできない。出会うことができるのは、彼と彼（個人と個人）である。私は、彼（個人）となれば、彼（個人）となった汝と出会うことができるが、私と汝は、場所と場所（無と無）であるから、決して出会えない。私の側からいえば、汝の場所は、無い。それは、無の場所にさえ現れえないのだから、無でさえない、いわば、無のさらなる無である。しかし汝は（ありえないはずの）別の無の場所という資格で、この無の場所に登場してくる。どうしてそんなことができるのだろうか。それは、先まわりしていえば、汝が言葉を語りうる存在だからである。もっと正確に言えば、そんなことができるということがすなわち言語（言語化された新しい種類の場所）の成立そのものなのである。

　ともあれ、もしそんなことが可能だとすれば（可能になった暁《あかつき》には）、私は、それ自体が無の場所であるにもかかわらず、別の無の場所に於いてある一個の存在者（有る物）でもありうることになる。そのとき汝は、あたかも私の底に存在する絶対無としての神のごとく、「何処までも私の底から働く」ものとなる。私の底には、あたかも神のごとく私を可能ならしめるもう一つの無があることになる。しかし、他者は神ではない。他者と神はどう違うのだろうか。

　無の場所そのものは、端的な生《なま》の事実であるから、非概念的な実存である。しかし、別の無の場所は違う。それは、すでに概念化（本質化）された実存概念（「実存」という本質）であり、生の場所であるという生でない理解であり、非概念的なものという概念なのである。これに対して、神は、絶対無の場所という仕方においてではあるが、現実に私を可能ならしめている、概念化に先立つ実存そのものである。他者と神は、どちらも私の底から働く、無のさらなる無なのではあるが、他者は神と異なり、言語化された新しい種類の場所でのみ働きうる、いわば限定的な神なのである。

しかし、ひとたびそういうものが登場してしまうと、登場してしまった暁にはすでに、この対比（「端的に非概念的なもの」と「非概念的なものという概念」の対比）そのものが概念化されてしまっている。言い換えれば、汝の側も言語においては私とまったく同じことを（私を「汝」とし、汝を「私」として）語れるわけである。すなわち、汝もまた「無の場所そのものは非概念的な生の事実だが、別の無の場所は非概念的なものという概念にすぎない」と語れるのだ。まさにそのことが（つまり、このように同じことが言えることが、そして、そういう言語が可能であることが）汝を汝たらしめている。

同じことを逆の側から言えば、そういう汝が存在していることこそが、そもそも言語というものを可能ならしめているのである。その意味で、汝が可能なら言語が可能だし、言語が可能なら汝が可能である。かくして、「無の場所そのものは非概念的な生の事実だが、別の無の場所は非概念的なものの概念にすぎない」ということ自体が、「自己」と「他者」に関する一般的な事実に変転する。私が他の人と「言語とか文字とかいう如きいわゆる表現を通じて相理解する」ことができるのはこれによってである。*

＊　第二章（七一ページ）で、de se と de re の区別が私と私でない人という原初の差異に基づいていることを西田哲学は説明できる、と私は言ったが、以上の記述によってそれはなされたと思う。すなわち、de se と de re の区別は、無の場所とそこに於いてあるものという原初の区別が、無の場所（という一般概念）とそこに於いてあるもの（という一般概念）との概念的区別に成長した段階で成り立つ区別なのである。しかし、問題の肝は、この対比（de se と de re のではなく、「原初の」と「概念的」の対比）もまた概念化されるところにある。西田対田辺の

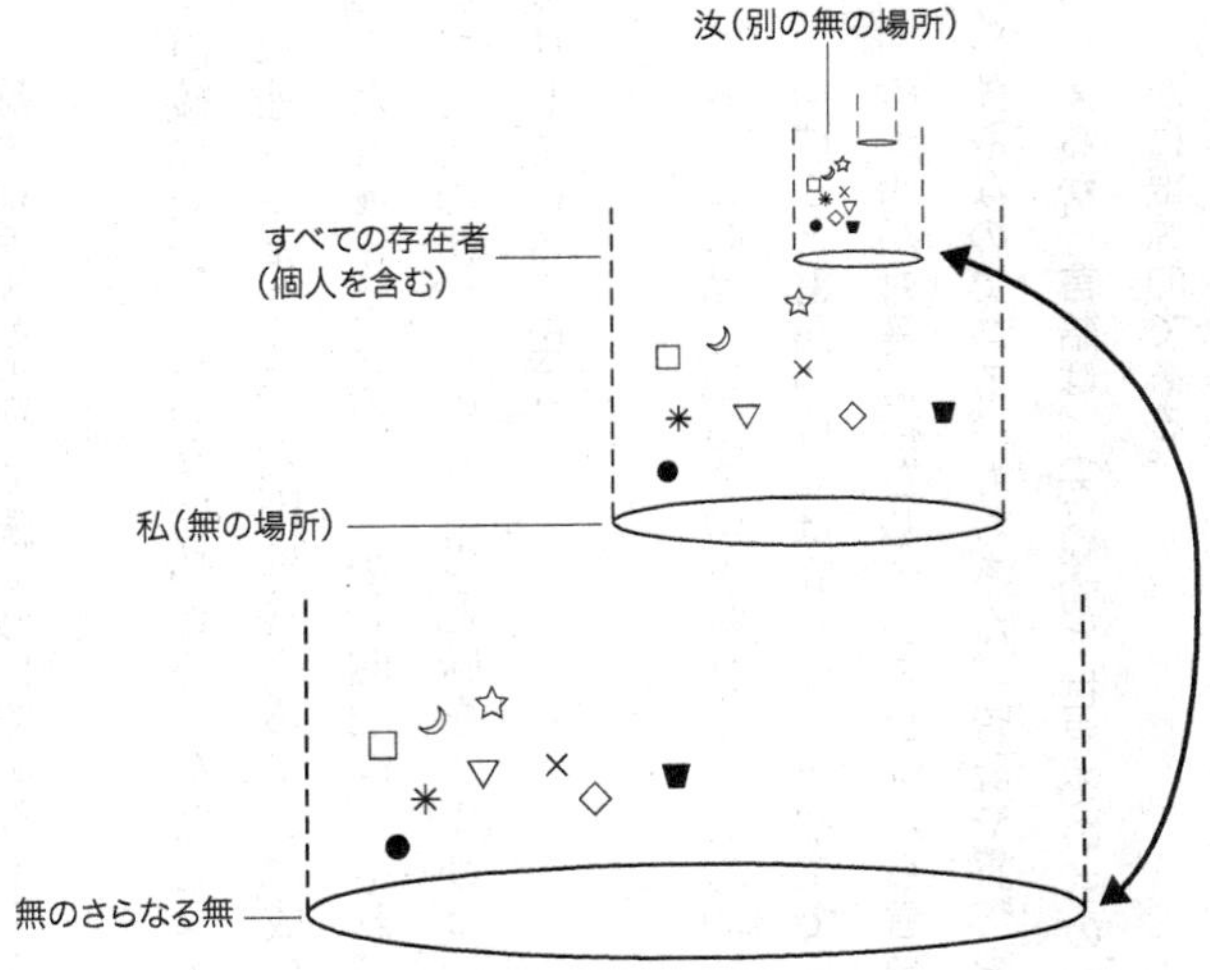

この「私（無の場所）」に汝が入り、
「汝（別の無の場所）」に私が入るようになって、
このプロセスは完成する。
（それがすなわち言語。）

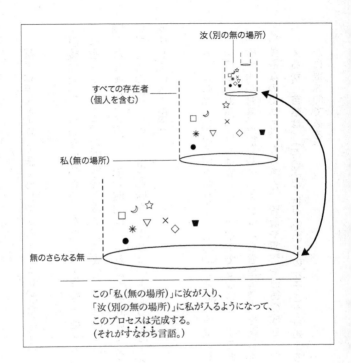

闘争は審級を上げて続くわけである——とはいえあくまでも西田の土俵で。

直接に結合していない私と他人がなぜ「相理解」できるのかという問いに、すでに述べたように、西田は答えることに成功してはいない。この問いそのものは開かれたままである。しかし西田は、それがなぜ問いであるか、なぜ哲学的な問いであるのか、そのことの意味を——ひょっとすると誰よりも——深めることに成功していると思う。*

* これは、西田哲学を離れて一般的にいえば、他者（私と同じ種類の他の者）の成立と言語の成立は同時にしか指定できないということである。つまり、複数の人間が対等に存在している状況から言語の発生を論じるのは、哲学的には論点先取なのである。もちろん、時計や貨幣や道徳の成立についても同種のことはいえるが、言語は、（客観的）世界そのものがそこから始まる基盤であるから、はるかに根源的である。

私は主格となり、一個の自我となる

さて、そうなると私は、もはや無の場所ではなく、別の無の場所に登場しうる存在者（有る物）の一つとなる。これは私の死である、と同時に私の誕生である。なぜなら、他者の無の場所に登場できることによって、私は、私自身の（生《なま》の）無の場所に、一人の人間（個人）として、言い換えれば客観的な固有名を持った一つの個物として、登場できるようになるからである。そのことによって、私も汝も彼となる。私と汝が彼である場所は、さらに第三の者（the third person ＝第三人称）の場所だが、その第三者はすでにして彼なのだから、ここに抽象的な客観的な場所が生まれる。西田現象学が西田論理学に接続されるのは、それから後のことなのである。*

＊　それでも西田現象学と西田論理学とにリアルな接続性があるように見えると

すれば、それは「私」の在り方と「個物」の在り方に（その現実性に関して）アナロジカルな関係（形式上の同型性）があるからであろう。超越的主語面と超越的述語面をめぐる西田論理学の議論は、概念によって汲《く》み尽されない「現実」の本性に関する議論である。現実であることはたしかに無限の述語をもってしても捉ええないが、無限の述語をもってしても捉ええないからといって現実であるとはいえない。現実であることは述語超越性をも超越しているのである。しかし、このこともまたある種の一般的な性格づけであって、こういう種類の超越性を持つものにも種類の違いがある。論理学ではこのような種類の違いを捉えることはできない。それゆえ、西田論理学もまた「私」と「個物」の違いを捉えることはできないのである。（西田論理学がその違いを捉えることができるためには、論理学が「私と汝」の議論を取り込まなければならないが、それは不可能である。なぜなら、その議論は論理の基盤である言語的客観性の成立そのものにかかわっているからだ。このような現象学の優位性こそが西田的確信犯の特質である。）

　ここではすでに、私が無であるとしても、それはもはや端的な無そのものではなく、無という概念が適用できる一つのもの、その意味では、有になる。有になるとは、すなわち私が生まれるということである。こうして、私は殺されることによって生まれるわけである。（これは決して言葉の上の遊びではなく、このような仕方でしか表現しようのないことが実際に起きているのである。とはいえ、この記述自体は、起こってしまった後でそこで作られた言語を使ってなされた記述であるが。本書全体も、そして西田哲学全体もそうであるように。）

　このことによってこそ、「無の場所」は「無の場所」という一般的な表現で語られるようになるし、それよりも何よりも、はじめて私は私を「私」という語で捉えることができるようになる。すなわち、すべての人が自分自身を捉えるときに使う「私」という語を、私もまた使えるようになる。ということは、つまり、私は私を、「私」という（一般に自己言及者が自己に言及するときにおこなう）再帰的・反省的な方式（つまり de se 方式）で捉えることができるようになるということだ。まったく自明とも思えるこのことがどんなに画期的な事件であるかは筆舌に尽しがたいものがあるが、どうしてそんなことができるのかを、もしひとことで答えるなら、それは私が、以上に述べてきたようなプロセスを通じて、場所である私と個人（自我）としての私を、絶対無と相対無を、〈私〉と「私」を、一挙に同時に捉えることが可能になったからなのである。繰り返して言うが、これはほとんど奇跡的な事態である。

このことはまた、第一章（五五—五六ページ）で指摘した意識と自己意識の重なりにも説明を与えるだろう。すなわち、意識そのものであった私は、以上のプロセスを通じて不可避的に自己意識的に（つまり場所そのものとしての自分の意識を一個人としての自分の意識として）捉えるようになる。だが、このプロセスは同時にまた、もともと自己意識的でしかありえなかったはずの他者（汝）も、本来は意識そのものであったものとして、すなわち私とまったく同じ成立過程を辿《たど》ったものとして、一挙に捉えるプロセスでもあった。つまり、意識と自己意識の重なりは、ある一つの自我において与えられている端的な事実なのではなく、私と汝の関係から（言語的な場所の成立とともに）不可避的に派生してくる一種の要請なのである。

なぜウィトゲンシュタインの「E」は客観的個物に成長できるのか。その答えもまた、以上の論述によって与えられているだろう。それは「感覚」という場所が与えられることによってである。概念の場所はすでにして客観的である（先に述べたように西田現象学が西田論理学に接続されるのは、この概念の場所が成立してから後のことである）。感覚は私的な出来事だとしても、それはすでに「感覚」という場所が客観的に確保された後の私秘性にすぎない。そのような「感覚」という場所がいかにして与えられうるのか。それは、これまでの論述の通り、私と汝がともに彼になることによってである。それさえ実現されてしまえば、後のいわゆる他我問題――一般的に「他人の感覚をどうして知りうるか」等々の問題――は、実はもう超えられてしまっているだろう。他者が心や意識や感覚を持たないロボットやゾンビである可能性はすでにないのだ。汝として現れることがすなわちそれらを持つということであり、逆にまた私自身もその限りでそれらを持つのだから。

私と汝は自らのあり方を否定して、彼と彼、個人と個人の関係にならざるをえないのだから、与格（場所）的なあり方を否定して、主格（自らを対格とすることで可能になる主格）的なあり方をとらざるをえない。私は、もはや無に戻る（戻りきる）ことはできない。とはいえ、私と汝は、彼と彼、個人と個人の関係になりきることもまたできないはずだ。私と汝が個と個の関係になれるのは、ただ第三者の場所においてだけであり、あるいはまたそれを先取りすることによってだけである。そして、そんなことは、本来、不可能ではないのか。

私は、西田哲学はまったく卑近な自明な事実を語っていると述べてきたが、それが同時にまた比類稀な境地を説いた高遠深邃の思想に見えることには、理由があるだろう。ここまで述べてきたように、言語において無は有化されるのだが、「自覚」において有はふたたび無化されうる。西田は、そう考えている。私は、物でもなければ言葉でもない——個物としての個人でもないから「私」でさえない——のだから、これは単純にあたりまえのことにすぎない。とはいえ、その単純にあたりまえのことを真に実感するのには、もはや、ある種の「境地」が必要とされるのである。

西田哲学に対する誤解の原因は、西田自身が境地的自己理解から哲学的洞察を——当人にとっては当然のことなのだが——分離できなかったところにあるように思われる。

西田幾多郎小伝

「回顧すれば、私の生涯は極めて簡単なものであった。その前半は黒板を前にして坐した、その後半は黒板を後にして立った。黒板に向って一回転をなしたといえば、それで私の伝記は尽きるのである。」（「或《あ》る教授の退職の辞」）退官にあたってこう書いた西田だが、これはユーモアで包《くる》んだ一種の謙遜《けんそん》であって、しかも一九二八年のことにすぎない。黒板を離れてからの西田の生涯もまた起伏に富んだものになるが、くわしくは読書案内の伝記の項に挙げた諸書を参照されたい。

一八七〇（明治三）年　石川県に生まれる。

一八九一（明治二四）年　二二歳　東京帝国大学文科大学哲学科選科入学。

一八九四（明治二七）年　二五歳　卒業。

一八九五（明治二八）年　二六歳　石川県尋常中学校七尾分校教諭となる。寿美と結婚。

一八九六（明治二九）年　二七歳　第四高等学校講師となる（ドイツ語担当）。

一八九九（明治三二）年　三〇歳　第四高等学校教授となる。

一九〇九（明治四二）年　四〇歳　学習院大学助教授となる。

一九一一（明治四四）年　四二歳　『善の研究』出版。

一九一三（大正二）年　四四歳　京都帝国大学文科大学教授。

一九一七（大正六）年　四八歳　『自覚における直観と反省』出版。

一九二〇（大正九）年　五一歳　『意識の問題』出版。

一九二五（大正一四）年　五六歳　妻寿美死去。

一九二六（大正一五）年　五七歳　「場所」発表。

一九二七（昭和二）年　五八歳　『働くものから見るものへ』出版。

一九二八（昭和三）年　五九歳　退官。

一九三〇（昭和五）年　六一歳　『一般者の自覚的体系』出版。

田辺元「西田先生の教を仰ぐ」発表。

一九三一(昭和六)年　六一歳　山田琴と再婚。

一九三二(昭和七)年　六三歳　「私と汝」発表。

『無の自覚的限定』出版。

一九三三(昭和八)年　六四歳　『哲学の根本問題』出版。

一九三五(昭和一〇)年　六六歳　『哲学論文集第一』出版。

一九三七(昭和一二)年　六八歳　『哲学論文集第二』出版。

一九三九(昭和一四)年　七〇歳　『哲学論文集第三』出版。

一九四〇(昭和一五)年　七一歳　『日本文化の問題』出版。

文化勲章受章。

一九四一(昭和一六)年　七二歳　『哲学論文集第四』出版。

一九四四(昭和一九)年　七五歳　『哲学論文集第五』出版。

一九四五(昭和二〇)年　七六歳　死去。

読書案内

著作

岩波書店から、新旧二種類の全集が出版されている。

●『西田幾多郎全集』岩波書店、全一九巻、一九六五―一九六六年。

●『新版西田幾多郎全集』岩波書店、全二四巻、二〇〇二年―。

新資料や注解の点で新版のほうが充実しているが、多くの研究文献が旧版を使っているので、今のところ旧版を手元においたほうが便利な面もある。

ほかに、次のテーマ別の選集がある。

●『西田哲学選集』燈影舎、全七巻（別巻二）一九九七―一九九八年。

岩波文庫には、『善の研究』のほか、以下のものがある。

●『西田幾多郎哲学論集I』、『西田幾多郎哲学論集II』、『西田幾多郎哲学論集III』、『西田幾多郎随筆集』、『思索と体験』、『続思索と体験・『続思索と体験』以後』。

『哲学論集』のI、II、IIIはそれぞれ、前期、中期、後期の代表的な論文を収めている。

『善の研究』は、香山リカ『善の研究――実存と自己』（哲学書房、二〇〇五年）にも、香山氏と山内志朗氏の解説とともに本文が収められており、最近、小坂国継氏の詳しい注解つきの新しい版（講談社学術文庫）も出版された。

入門書

●上田閑照『西田幾多郎を読む』岩波書店、一九九一年。

●上田閑照『西田哲学への導き』岩波書店（同時代ライブラリー）、一九九八年。

●藤田正勝『現代思想としての西田幾多郎』講談社選書メチエ、一九九八年。
●中岡成文『私と出会うための西田幾多郎』出窓社、一九九九年。
●小坂国継『西田幾多郎の思想』講談社学術文庫、二〇〇二年。
●大澤正人『サクラは何色ですか？』現代書館、二〇〇五年。

上田氏の前者は、現在、最も標準的な入門書の地位を保持している。上田氏の後者は、デカルトとの対比を扱っており、本書の議論と関連がある。藤田氏のものは、純粋経験を中心とする、丁寧で質のよい入門書。中岡氏のものは、初学者を西田哲学へ親切に誘導している。小坂氏のものは最も概説的で、ほぼあらゆる論点に触れている。大澤氏のものは、独自の観点から西田哲学に切り込んでいて、とてもおもしろい。

研究書

京都学派直系の古いものは省いて、比較的新しいものをいくつか挙げる。

●末木剛博『西田幾多郎――その哲学体系』春秋社、一九八三―一九八八年。
●小坂国継『西田哲学の研究』ミネルヴァ書房、一九九一年。
●小坂国継『西田幾多郎――その思想と現代』ミネルヴァ書房、一九九五年。
●平山洋『西田哲学の再構築』ミネルヴァ書房、一九九七年。
●新田義弘『現代の問いとしての西田哲学』岩波書店、一九九八年。
●中村雄二郎『西田幾多郎』(I)・(II)、岩波書店(現代文庫)、二〇〇一年。
●板橋勇仁『西田哲学の論理と方法』法政大学出版局、二〇〇四年。
●檜垣立哉『西田幾多郎の生命哲学』講談社現代新書、二〇〇五年。
●木村敏『関係としての自己』みすず書房、二〇〇五年。

末木氏のものは分析哲学が、新田氏のものは現象学が、中村氏のものはいわゆる現代思想が、檜垣氏のものは特にベルクソンとドゥルーズが、それぞれ西田を理解するための参照枠として利用されている(ので、それらを学ぶのにも使える）。木村氏のものは西田研究文献ではないが、西田哲学を精神病理学に援用して興味深い。その他の諸氏のものは内在的な研究書である。西田哲学を使って自分の哲学をするというやり方は（おそらく鈴木亨『響存的世界』三一書房、一九八三年、という記念碑的著作を最後に）絶えて久しい。

伝記

●竹田篤司『西田幾多郎』中央公論社、一九七九年。
●上田閑照『西田幾多郎とは誰か』岩波書店（現代文庫）、二〇〇二年。
●小林敏明『西田幾多郎の憂鬱』岩波書店、二〇〇三年。
●上田高昭『西田幾多郎の姿勢』中央大学出版部、二〇〇三年。
●上田高昭『西田幾多郎　苦悩と悲哀の半生』中央大学出版部、二〇〇五年。

家族の事情や時代的背景もあって、西田に関しては伝記的事実も興味が尽きない。小林氏のものは純粋な伝記ではなく評伝であり、精神分析的な記述が興味深い。

批判

比較的新しい観点からの西田批判として、次の三冊を挙げておく。

●柄谷行人『ヒューモアとしての唯物論』筑摩書房、一九九三年。
●加藤尚武『20世紀の思想』PHP新書、一九九七年。
●袴谷憲昭『本覚思想批判』大蔵出版、一九八九年。

柄谷氏のもの（所収の「ライプニッツ症候群」）は、西田を吉本隆明《よしもとたかあき》と並べて、モナドが全宇宙を表象するライプニッツ的立場であるとして批判する。加藤氏のものは、西田を丸山眞男《まるやままさお》と並べて、十九世紀ドイツの哲学史の教科書が作り出した「西洋近代」という虚像に踊らされた者として批判する。袴谷氏のものは、独自の「批判仏教」の立場から、西田哲学を本覚思想（すべての生き物に本来そなわっている覚《さと》りが「本覚」で、森羅万象をその本覚の現われとして絶対的に肯定するのが「本覚思想」）として批判する——はずのものであるが、残念ながら西田を論じている箇所は表面的な批判に止《とど》まっている。

また、必ずしも批判とはいえないし、かつ少々古いものではあるが、マルクス主義との関係では、梯《かけはし》明秀『戦後精神の探求』（勁草書房、一九七五年）を省くことはできない。

あとがき

「あとがき」という場をかりて、しばらく西田につきあってみて感じたことを、勝手な思いつきにすぎないが、ちょっと書かせていただきたい。

本文中に、西田は「超弩級《どきゅう》の哲学的な化け物」だと書いたが、おそらく西田の思索の仕方とその力には何か常軌を逸したところがある。三木清が「デモーニッシュ」と評した意味とはまた少し違った意味で（たぶんより悪い意味で）、私はそこに「悪魔的」な力を感じた。もちろん、西田に悪意があるとか、そういう意味ではない。彼は一介の真摯《しんし》な探究者にすぎない。だが、その真摯さそのものの中に、ある種の悪魔的な力が感じられるのだ。

太平洋戦争中、若き学生たちが学徒出陣に際して西田哲学に心のよりどころを求めた、という話はよく知られているが、西田哲学に（露骨に国家主義的な田辺哲学などよりも）そういう力があったことは何かよくわかる気がする。ある種の悲壮な高揚感の中で死を納得させる力のようなものが、そこには感じ取れるからだ。

そのことが分かったような気がした瞬間、いわゆる全共闘運動なるものも、実は西田哲学の隠然たる影響下にあったのではないか、という思いが浮かんだ。そう思ってみれば、読書案内で挙げた梯明秀は別格としても、梅本克己や黒田寛一《かんいち》ら、当時影響力のあった反日共系マルクス主義哲学者は、西田哲学および京都学派の圏域にあったことは事実である。そして、彼らの思想の実質的影響力は――吉本隆明や廣松渉《ひろまつわたる》より――大きかったと思う。このことはまた、東大全共闘の山本義隆氏の、滝沢克己（『西田哲学の根本問題』こぶし書房、二〇〇四年復刊、の著者。西田哲学をバルト神学と結びつけたこの本は難解だが名著である）との思想的つながりを見てもいえることである。その他、いくつかの「思想史的」事実を指摘できるような気がするが、思いつきを長々と書くのはやめよう。

その後、西田哲学の影響力は消滅したかに見えるが、別の形態の仏教的ニヒリズムが大きな問題を引き起こしたことは周知の通りである。

このようなことを言うと、西田哲学を否定的に評価していると思う人がいるかもしれないが、まったくそうではない。むしろ、以上に述べたこともまた西田哲学の重要性の証拠になるだろうと言いたいのである。概して哲学者は自分の哲学を統御できない。だが西田の場合は特にそうであったと思う。だから、西田哲学が何を語っているかは、西田自身がそれについて語ったことからだけではわからない。そのこともまた、西田哲学の重要性の理由となるだろう。

未来のことは誰にもわからないが、私が西田について論じるのは、これが最初で最後になると思う。私は、本書で書いたような問題そのものに関心があり、さらに別の角度から、それを研究していきたいからである。

二〇〇六年九月

永井　均

文庫版付論

時計の成立――死ぬことによって生まれる今と、生まれることによって死ぬ今

世界は、一般者（普遍的なもの）と特殊者（その個々の事例、すなわち個物）とから成り立っている、といわれる。木という一般者と個々の木、硬さという一般者と個々との硬さ、降雨という一般者と個々の降雨、……、というように。これはごく普通の世界像であり、プラトンやアリストテレスも、カントやヘーゲルも、……、ほぼすべての哲学者がそう考えている。

しかし、こののっぺりした世界像は、ある最も根底的な水準において、最初から破綻《はたん》している。たとえば、「今（現在）」というものを考えてみよう。今（現

在）とは私がこの文を書いている時のことであって、その前の文を書いていた時は過去で、これから書く文を書く時は未来である。しかし、その前の文を書いていた時も、その時点にとっては今であったし、その後で書く文（この文である！）を書く時（今である！）も、その時点にとっては今である。すなわち、ここには二種類の今があるわけだ。端的な今とそれぞれの時点にとっての今の二つである。

ということはつまり、ここでは今という一般者と個々の今たち（今の諸々《もろもろ》の実例）という平板な図式はじつは当てはまらない、ということになる。個々の今たちのうちに一つだけ現実の今（端的な今）というものが存在するからである。今という一般者と、その諸々の実例と、現実の（端的な）それ、という三種類のものがあることになるのだ。

「今」のかわりに「私」を例にとっても同じことがいえる。私とはこの文を書いているこの人物のことであって、それを読んでいるあなたは他人で、そもそも読んでいない多くの人も他人である。しかし、あなたもあなた自身にとっては

「私」であるし、読んでいない多くの人もその人にとっては「私」である。すなわち、ここにもまた二種類の「私」が存在するわけである。端的な私とそれぞれの人にとっての私である。

ということはつまり、ここでもまた、「私」という一般概念と個々の「私」たち（「私」の諸々の実例）という平板な図式はじつは当てはまらない、ということになる。諸々の「私」たちのうちに一つだけ現実の私（端的な私）が存在しているからである。私という一般者と、その諸々の実例と、現実の（端的な）それ、という三種類のものが存在することになるだろう。

とはいえ、もしたんに三種類のものが存在するだけのことなら、世界はふたたび多少複雑ではあってもやはりある種の平板な（のっぺりした）あり方に落ち着いてしまうだろう。幸か不幸か、実態はそうなっていない。なぜなら、現実の（端的な）私以外の諸々の私も、現実の（端的な）今以外の諸々の今も、「たんにその時点やその人にとっての私や今であるだけではなく、それぞれにとってはそれぞれみな「現実の（端的な）私」や「現実の（端的な）今」というあり方（すなわち言語表現上はまったく同じあり方）をせざるをえないからである。

ここには端的な「矛盾」が内在している。というのは、現実の（端的な）私以外の諸々の私や、現実の（端的な）今以外の諸々の今は、たんにその時点やその人にとっての私や今であるだけであって、現実の（端的な）私や現実の（端的な）今ではない、という洞察から、この議論は出発していたはずだからである。一方において、その洞察が正しいのであれば、このような議論の拡張は不可能なはずであり、他方において、もしそういう拡張が可能であって、最初の洞察はそのような仕方ですぐに否定されるのであれば、その洞察はじつは誤っていたことになる。この二つの捉《とら》え方は両立しがたい。にもかかわらず、この二つの捉え方の両立によって、われわれのこの世界は成り立っている。多くの拙著においてすでに繰り返し述べてきたことなので、ここでこれ以上は詳述しないが、これがわれわれのこの世界の実態であることはまず疑う余地もない。

ここまでは、西田を離れて述べてきたが、もしこれを西田の用語や論法に即して表現するなら、本書一二六ページの一二行目から始まる段落のようなことになるだろう。最初の「無の場所そのものは、端的な生《なま》の事実であるから、非概念的な実存である」という箇所が、「諸々の「私」たちのうちになぜか一つだけ存在する、現実の（端的な）私」に対応する。ただしもちろん、ここではまだそれと同格の存在者としての諸々の「私」たちは存在していないが。その次に登場する「別の無の場所」が、最初の「現実の」私と言語表現上はまったく区別されない、しかしじつは端的に生《なま》の現実ではない、「本質化された実存」としての「私」たちである。以降は、そこでの記述どおりにすべてが進行していくだろう。

すなわち、ひとたびそういう「端的に生の事実ではない、「本質化された実存」としての「私」たち」が登場してしまうと、この端的に「端的なもの」と概念的にのみ「端的なもの」の対比それ自体が概念化されることになる。つまり、概念的にのみ「端的なもの」の側も言語表現においては端的に「端的な」ものとまったく同じことを（私を「汝《なんじ》」とし汝を「私」として）語りうることになる。そちら側からもまた、「無の場所そのものは非概念的な生の事実だが、別の無の場所は非概念的なものという概念にすぎない」のように語れるわけである。このような互換性が成立することが、すなわち言語が成立することである。（一二九ページ頁の、真ん中の「私（無の場所）」が上下両側から挟まれる図から、このことを読み取っていただきたい。）

その結果、私は無（拙著『世界の独在論的存在構造』での用語で言えば「無寄与的存在者」）でありながらも、もはや端的な無そのものではなく、「無」という概念が適用可能な存在者のひとつ、その意味では、有（すなわち寄与的存在者）になる。私は、このようにして（最初のむき出しの無が他者たちに殺されて死ぬことによって）生まれる（世界にその位置を得る）ことになる。逆に言えば、そのように生まれさせられることによって殺され、死ぬわけである。

私は神によってもまた殺され（生まれさせられ）うるのだが、その際には、この組み合わせは逆転する。すなわち、他者たちと概念的に並列化されることによって殺されて生まれた新たな私が、次には神によって殺され（生まれさせられ）、もとの（本来の）無の場所にふたたび引き戻されるのである。これは、キリスト教的に表現すれば「復活」であり、仏教風に表現すれば「解脱」である。

さて、ところで、一三〇ページの注において私は、「これは、……、他者（……）の成立と言語の成立は同時にしか指定できないということである」と言った後で、「時計や貨幣や道徳」の成立についても同種のことがいえる、と付け加えている。貨幣や道徳については、これは自明のことでもあろうが、ここに時計が含まれているのはなぜであろうか。

それは、この文章の最初のほうで書いたとおり、「私」についていえることはまた「今」についてもいえることだからである。いま、時計ということで、年表やカレンダーと（通常の時計の）文字盤とが連続している、巨大な計器を思い描いていただきたい。長大な文字盤の上を針が移動していくのであるから、その針の位置さえ見れば、今が何時何分かだけでなく何年何月何日かもそれだけでわかる。

すぐに気づかれるであろうように、針は二重の機能を果たしている。現実の

（端的な）今が何年何月何日の何時何分であるかを示す機能と、ある時（たとえば東日本大震災の発生時点）が何年何月何日の何時何分であるかを示す機能である。（その時点で時計が止まっていたり、その時点の写真が撮られていたりすれば、後者がわかる。）前者が自己であり、後者が他者である。前者が私で、後者が汝である。前者は後者の一種であるともいえるが、後者が前者の一種であるともいえる。どの時も、その時にとっては「現実の（端的な）今」だからである。ここには含み込み合いの関係がある。

したがってこの場合、「無の場所そのものは、端的な生（なま）の事実であるから、非概念的な実存である」ということに対応するのは、そうした諸々の「今」たちのうちになぜか一つだけ、現実の（端的な）今が存在しているということである。「別の無の場所」に対応するのは、現実の（端的な）今と言語表現上はまったく区別されない、しかしじつは端的に生の現実のそれではない、「本質化された実存」としての「今」たちの存在である。事態の進展の仕方は本質的には「私」の場合と変わらない。すなわち、ひとたびそういう「端的に生の事実ではない、「本質化された実存」としての「今」たち」が登場してしまうと、この端的に「端的なもの」と概念的にのみ「端的なもの」の対比それ自体が概念化されてしまい、その結果、概念的にのみ「端的なもの」の側も言語表現においては端的に「端的なもの」とまったく同じことを（今が「その時」となりその時が「今」となって）語りうることになるわけである。そちら側からもまた、「無の場所そのものは非概念的な生の事実だが、別の無の場所は非概念的なものという概念にすぎない」のように語れるようになることも同じであり、そのような互換性が成立することがすなわち言語が成立することであるということも、もちろん同じである。（したがって一二九ページの図は、真ん中の「私（無の場所）」が「今（無の場所）」に置き替わり、それが上下両側から挟まれる図に変わる。）

そのことによって現実の（端的な）今は死ぬ。しかし別の意味では（すなわち時計的な時間把握を可能ならしめるという意味では）そのことによって初めて生まれるのだ。現実の（端的な）今は、一方では、それがすべてでそれしかない（他のすべてはそこにおいて存在しているにすぎない）ような特別の存在者でありながら、他方では、その存在者はこの世界に対していかなる貢献もなしえない「無寄与的存在者」でもあって、その意味では端的な「無」であったのだが、もはや端的な無そのものではなく、「無」という概念が適用可能な存在者のひとつ、その意味では有（すなわち特殊な意味での寄与的存在者）に昇格するからである。すなわち、「今は二〇一八年八月七日の午前一一時だ」などと（どの時点においてもそう言えるのと同じ再帰的・反省的な捉え方を適用して）言えるようになるわけだ。逆に言えば、そのように生まれさせられることによって、端的な「無」であった現実の今は死ぬ。

今はまた神によっても殺され（生かされ）うるのだが、その際にはやはり、この組み合わせは逆転する。他の時点の今たちと概念的に並列化されることによって殺され、新たに生まれた一時点としての今が、今度は神によって殺され（生かされ）、もとの（本来の）無の場所にふたたび引き戻されるからである。西田哲学風に表現すれば、これは「自覚」だが、原始仏教の「サティ」に由来する近年流行の表現によれば、これは「マインドフルネス」である。

本書は、二〇〇六年にNHK出版から刊行された『西田幾多郎
〈絶対無〉とは何か』に加筆修正し、文庫化したものです。

西田幾多郎《にしだきたろう》

言語《げんご》、貨幣《かへい》、時計《とけい》の成立《せいりつ》の謎《なぞ》へ

永井《ながい》 均《ひとし》

平成30年 11月25日　初版発行
令和7年 6月5日　8版発行

発行者●山下直久

発行●株式会社KADOKAWA
〒102-8177　東京都千代田区富士見2-13-3
電話　0570-002-301（ナビダイヤル）

角川文庫 21308

印刷所●株式会社KADOKAWA
製本所●株式会社KADOKAWA

表紙画●和田三造

●お問い合わせ
https://www.kadokawa.co.jp/（「お問い合わせ」へお進みください）
※内容によっては、お答えできない場合があります。
※サポートは日本国内のみとさせていただきます。
※Japanese text only

ISBN 978-4-04-400184-1　C0110

角川文庫発刊に際して

角川源義

第二次世界大戦の敗北は、軍事力の敗北であった以上に、私たちの若い文化力の敗退であった。私たちの文化が戦争に対して如何に無力であり、単なるあだ花に過ぎなかったかを、私たちは身を以て体験し痛感した。西洋近代文化の摂取にとって、明治以後八十年の歳月は決して短かすぎたとは言えない。にもかかわらず、近代文化の伝統を確立し、自由な批判と柔軟な良識に富む文化層として自らを形成することに私たちは失敗して来た。そしてこれは、各層への文化の普及滲透を任務とする出版人の責任でもあった。

一九四五年以来、私たちは再び振出しに戻り、第一歩から踏み出すことを余儀なくされた。これは大きな不幸ではあるが、反面、これまでの混沌・未熟・歪曲の中にあった我が国の文化に秩序と確たる基礎を齎らすためには絶好の機会でもある。角川書店は、このような祖国の文化的危機にあたり、微力をも顧みず再建の礎石たるべき抱負と決意とをもって出発したが、ここに創立以来の念願を果すべく角川文庫を発刊する。これまで刊行されたあらゆる全集叢書文庫類の長所と短所とを検討し、古今東西の不朽の典籍を、良心的編集のもとに、廉価に、そして書架にふさわしい美本として、多くのひとびとに提供しようとする。しかし私たちは徒らに百科全書的な知識のジレッタントを作ることを目的とせず、あくまで祖国の文化に秩序と再建への道を示し、この文庫を角川書店の栄ある事業として、今後永久に継続発展せしめ、学芸と教養との殿堂として大成せんことを期したい。多くの読書子の愛情ある忠言と支持とによって、この希望と抱負とを完遂せしめられんことを願う。

一九四九年五月三日

角川ソフィア文庫ベストセラー

ビギナーズ 日本の思想
新訳 茶の本
岡倉天心
訳／大久保喬樹

『茶の本』（全訳）と『東洋の理想』（抄訳）を、読みやすい訳文と解説で読む！ ロマンチックで波乱に富んだ生涯を、エピソードと証言で綴った読み物風伝記も付載。天心の思想と人物が理解できる入門書。

ビギナーズ 日本の思想
福沢諭吉「学問のすすめ」
福沢諭吉
訳／佐藤きむ
解説／坂井達朗

国際社会にふさわしい人間となるために学問をしよう！ 維新直後の明治の人々を励ます福沢のことばは現代にも生きている。現代語訳と解説で福沢の生き方と思想が身近な存在になる。略年表、読書案内付き。

ビギナーズ 日本の思想
新版 南洲翁遺訓
西郷隆盛
訳・解説／猪飼隆明

明治新政府への批判を込め、国家や為政者のあるべき姿と社会で活躍する心構えを説いた遺訓を、原文、現代語訳、くわしい解説で丁寧に読みとく。生き生きとした西郷の言葉と人生を読む！ 略年譜・読書案内付き。

ビギナーズ 日本の思想
空海「三教指帰《さんごうしいき》」
空海
訳／加藤純隆・加藤精一

日本に真言密教をもたらした空海が、渡唐前の青年時代に著した名著。放蕩息子に儒者・道士・仏教者がそれぞれ説得を試みるという設定で各宗教の優劣を論じ、仏教こそが最高の道であると導く情熱の書。

ビギナーズ 日本の思想
空海「秘蔵宝鑰《ひぞうほうやく》」
こころの底を知る手引き
空海
訳／加藤純隆・加藤精一

『三教指帰』で仏教の思想が最高であると宣言した空海は、多様化する仏教の中での最高のものを、心の発達段階として究明する。思想家空海の真髄を示す、集大成の名著。詳しい訳文でその醍醐味を味わう。

角川ソフィア文庫ベストセラー

改訂新版 共同幻想論　吉本隆明

国家とは何か？　国家と自分とはどう関わっているか？　風俗・宗教・法、そして我々の「慣性の精神」――。生活空間と遠く隔たる異空間を包含するこの厄介な代物に論理的照射を当て、裸の国家像を露呈させる。

定本 言語にとって美とはなにか（Ⅰ、Ⅱ）　吉本隆明

記紀・万葉集をはじめ、鷗外・漱石・折口信夫・サルトルなどの小説作品、詩歌、戯曲、俗謡など膨大な作品を引用して詳細に解説。表現された言語を「指示表出」と「自己表出」の関連でとらえる独創的な言語論。

改訂新版 心的現象論序説　吉本隆明

心がひきおこすさまざまな現象に、適切な理解線をみつけだし、なんとかして統一的に、心の動きをつかまえたい――。言語から共同幻想、そして心的世界へ。著者の根本的思想性と力量とを具体的に示す代表作。

木田元の最終講義 反哲学としての哲学　木田元

若き日に出会った『存在と時間』に魅せられ、ハイデガーを読みたい一心で大学へ進学。以後、五〇年にわたる哲学三昧の日々と、独創的ハイデガー読解誕生の経緯を、現代日本を代表する哲学者が語る最終講義。

論語と算盤　渋沢栄一

孔子の教えに従って、道徳に基づく商売をする――。日本実業界の父・渋沢栄一が、後進の企業家を育成するために経営哲学を語った談話集。金儲けと社会貢献の均衡を図る、品格ある経営人のためのバイブル。

角川ソフィア文庫ベストセラー

ありてなければ
「無常」の日本精神史
竹内整一

「世の中は夢か現か現とも夢とも知らずありてなければ」（古今和歌集）。いま、たしかに「ある」が、それは同時に、いつか「なくなる」、あるいはもともとは「なかった」――。「はかなさ」を巡る、無常の精神史をたどる。

哲学は資本主義を変えられるか
ヘーゲル哲学再考
竹田青嗣

現行の資本主義は、格差の拡大、資源と環境の限界を生んだ。これを克服する手がかりは、近代社会の根本理念を作ったヘーゲルの近代哲学にある。今、これをいかに国家間の原理へと拡大できるか、考察する。

幸福の条件
アドラーとギリシア哲学
岸見一郎

過去がどうであれ、今の決断によって未来を変えることはできる。ギリシア哲学、アドラー心理学の智恵から読み解く、著者ならではの哲学的視点で、幸せとは何か、生きることとは何かを考察した現代の幸福論。

修養
新渡戸稲造

職業、勇気、読書法、逆境、世渡り――。当代一流の国際人であり教養人だった新渡戸が記した実践的人生論。いまなお日本人に多くの示唆をあたえる不朽の名著、待望の文庫決定版！　解説／斎藤兆史

幸福論
アラン
訳／石川　湧

幸福とはただ待っていれば訪れるものではなく、自らの意志と行動によってのみ達成される――。哲学者アランが、幸福についてときに力強く、ときには瑞々しく、やさしい言葉で綴った九三のプロポ（哲学断章）。

角川ソフィア文庫ベストセラー

方法序説
デカルト
訳／小場瀬卓三

哲学史上もっとも有名な命題「我思う、ゆえに我あり」を導いた近代哲学の父・デカルト。人間に役立つ知識を得たいと願ったデカルトが、懐疑主義に到達する経緯を綴る、読み応え充分の思想的自叙伝。

新版 精神分析入門（上、下）
フロイト
安田徳太郎・安田一郎＝訳

無意識、自由連想法、エディプス・コンプレックス。精神医学や臨床心理学のみならず、社会学・教育学・文学・芸術ほか20世紀以降のあらゆる分野に根源的な変革をもたらした、フロイト理論の核心を知る名著。

自殺について
ショーペンハウエル
石井　立＝訳

誰もが逃れられない、死（自殺）について深く考察し、そこから生きることの意欲、善人と悪人との差異、人生についての本質へと迫る！　意思に翻弄される現代人へ、死という永遠の謎を解く鍵をもたらす名著。

饗宴
恋について
プラトン
山本光雄＝訳

「愛」を主題とした対話編のうち、恋愛の本質と価値について論じた「饗宴」と、友愛の動機と本質について論じた「リュシス」の2編を収録。プラトニック・ラブの真意と古代ギリシャの恋愛観に触れる。

君主論
マキアヴェッリ
訳／大岩　誠

ルネサンス期、当時分裂していたイタリアを強力な独立国とするために大胆な理論を提言。その政治思想は「マキアヴェリズム」の語を生み、今なお政治とは何かを答え、ビジネスにも応用可能な社会人必読の書。

角川ソフィア文庫ベストセラー

いきなりはじめる仏教入門
内田樹
釈徹宗

仏教について何も知らない哲学者が、いきなり仏教に入門!?「悟りとは何か」「死は苦しみか」などの根源的なテーマについて、思想と身体性を武器に、自らの常識感覚で挑む！　知的でユニークな仏教入門。

はじめたばかりの浄土真宗
内田樹
釈徹宗

〈知っていて悪いことをする〉のと〈知らないで悪いことをする〉のと、罪深いのはどちらか」。浄土真宗の意義と、仏教のあり方を問い直す、新しい仏教入門書。特別対談「いま、日本の仏教を考える」を収録。

仏教のことばで考える
松原泰道

縁起、無常、法、恩……仏教語のなかには長い間使われてきたために意味が変わってしまったものも多い。現代の語り部として仏教の思想を広く人々に説き続けた著者が、その本当の意味を分かりやすく伝える。

夢中問答入門
禅のこころを読む
西村惠信

救いとは。慈悲とは。禅僧・夢窓疎石が足利尊氏の弟・直義の93の問いに答えた禅の最高傑作『夢中問答』。その核心の教えを抽出し、原文と平易な現代語訳で読みとく。臨済禅の学僧による、日常禅への招待。

正法眼蔵入門
頼住光子

固定化された自己を手放せ。そのとき私は悟り、世界が目覚める。それこそが「有時」、生きてある時の経験なのだ。『正法眼蔵』全八七巻の核心を、存在・認識・言語という哲学的視点から鮮やかに読み解く。

角川ソフィア文庫ベストセラー

華厳経入門　木村清孝

仏のさとりの世界とそこにいたる道を説き示す華厳経。現代の先端科学も注目する華厳の思想は、東洋の世界観の本質を示している。その成り立ちと教えを日本人との深い関わりから説き起こす入門書の決定版。

ブッダ伝
生涯と思想　中村元

煩悩を滅する道をみずから歩み、人々に教え諭したブッダ。出家、悟り、初の説法など生涯の画期となった出来事をたどり、人はいかに生きるべきかを深い慈悲とともに説いたブッダの心を、忠実、平易に伝える。

唯識とはなにか
唯識三十頌を読む　多川俊映

「私」とは何か、「心」とは何か――。唯識仏教の大本山、奈良・興福寺の貫首が、身近な例を用いつつ、心のしくみや働きに迫りながら易しく解説。日常の自己をみつめ、よりよく生きるための最良の入門書。

図解　曼荼羅入門　小峰彌彦

空海の伝えた密教の教えを視覚的に表現する曼荼羅。大画面にひしめきあう一八〇〇体の仏と荘厳の色彩には、いかなる真理が刻み込まれているのか。豊富な図版と絵解きから、仏の世界観を体感できる決定版。

人生論ノート　他二篇　三木清

ひとは軽蔑されたと感じたとき最もよく怒る。だから自信のある者はあまり怒らない（「怒りについて」）。深い教養と思索から生みだされた言葉の数々は、いまなお心に響く。『語られざる哲学』『幼き者の為に』所収。